# Tchaïkovski et le mannequin d'or

*Venise, 1893*

## DU MÊME AUTEUR

Suite romanesque « LES ÎLES ÉTRANGÈRES » :

*Les hivers et les printemps,* Le Condottiere, 2024

*Miroir et songes,* Le Rocher 2007

*Bilkis,* Le Rocher, 2005

*Contes*

*Le rat bleu.* Dessins d'Emmanuel Pierre, Gallimard, « Giboulées », 2008

*Batras, l'enfant d'acier.* Dessins d'Emmanuel Pierre, Alma éditeur, 2019

*Essais*

*Rancé. Le soleil noir*. Le Condottiere, 2024

*Madame de Marçay, le mystère d'une femme en blanc.* Rivages poche, « Petite Bibliothèque », 2010

JEAN-MAURICE DE MONTREMY

# Tchaïkovski et le mannequin d'or

VENISE, 1893

roman

LE CONDOTTIERE

Ce roman reprend, avec de nombreux remaniements, *Le collectionneur des lagunes* publié en 2014 aux Éditions Pierre-Guillaume de Roux – texte lui-même issu d'une nouvelle, *Le mannequin d'or,* parue en 1985 chez Olivier Orban au sein d'un ouvrage collectif, *Amoureux fous de Venise*.

www.lecondottiere.fr

ISBN : 978-2-487468-33-7

Ecce enim veritatem dilexisti ;
incerta et occulta sapientiæ tuæ manifestasti mihi.
Asperges me hyssopo, et mundabor ;
lavabis me, et super nivem dealbabor.

*Tu aimes la vérité jusque dans ma noirceur,*
*au plus secret Tu m'enseignes la sagesse.*
*Nettoie mes taches avec l'hysope ;*
*purifie-moi, lave-moi, je serai plus blanc que neige.*

Psaume LI, 8-9

# 1. LEVER DE RIDEAU

EN 1893, QUELQUES MOIS AVANT SA MORT, Piotr Ilitch Tchaïkovski fit un voyage en Europe, de la fin mai jusqu'au début de juillet. Il prit prétexte de sa réception comme docteur *honoris causa* le 13 juin à l'université de Cambridge, en Grande-Bretagne. Il parachevait sa sixième symphonie, à laquelle il donnerait plus tard le nom de *Pathétique*.

Un séjour à Venise prit sans doute place vers la fin de cette escapade hors de Russie. Le musicien venait pourtant de louer à Klin, près de Moscou, une demeure où se tenir à l'écart, tant la vie sociale le blessait bien qu'il fût partout applaudi. Nous ignorions jusqu'à présent cette *échappée* – l'une de ses lettres désigne ainsi l'étape vénitienne. Il n'en dit rien à son frère Modest, pourtant l'un de ses plus sûrs confidents ; rien non plus à Vladimir Davydov, surnommé « Bob » – *mon inestimable Bob* – jeune neveu dont il s'obsédait d'une passion devenue maladive.

À l'époque soviétique, déjà, un musicologue avait soupçonné des incohérences dans l'emploi du temps que suggéraient les lettres du compositeur à ses proches. Quelques-unes des rencontres qu'il dit avoir faites dans telle ou telle ville ne résistent pas aux vérifications. Si l'on retrouve en effet sa trace dans des registres d'hôtels ou fiches de police, attestant son passage en plusieurs lieux, il reste un « trou » d'une dizaine de jours. Certaines lettres donnent une date ou portent une adresse qui ne prouvent rien. Le cachet de la poste n'est pas plus sûr : un concierge, un agent des chemins de fer peuvent avoir expédié les messages à la place du musicien, aux dates choisies par celui-ci.

Le contenu des lettres – qu'elles soient ou non antidatées – n'en garde pas moins de valeur : on y retrouve sa curiosité pour la littérature et la musique de son temps, son amour des paysages, ses inquiétudes religieuses et la tristesse, bien sûr, qui l'exténue. Piotr Ilitch peut les avoir écrites ailleurs qu'à Paris ou Itter, au Tyrol, les deux étapes certaines de son retour. Grâce au registre de l'hôtel parisien et au livre de comptes de sa résidence estivale de Klin, on peut toutefois situer le séjour à Venise dans la deuxième quinzaine de juin 1893.

Ces recherches ne bouleversent pas l'étude de la sixième symphonie mais nous renseignent sur les relations alors très difficiles de Tchaïkovski avec son neveu Bob Davydov. Tchaïkovski a lui-même confié qu'il voulait dans cette œuvre conjurer son destin et l'horreur de soi dont l'encamisolait cette force qu'il nommait son *fatum,* chaque jour plus implacable.

Il parle en 1892 à Bob Davydov d'une symphonie, la sixième, qu'il nomme alors *Symphonie à programme*. Il pensait y résumer les cinq précédentes, révélant enfin le thème dont les œuvres antérieures ne seraient que la variation – thème clos, pourrait-on dire, puisque ce fameux programme, explique Tchaïkovski, est « un programme que je tiens secret ». Il se proposait de dédier à Bob la *Symphonie à programme*, puis revint un moment sur son intention durant l'été 1893, comme on le verra.

Dès le premier mouvement, Piotr Ilitch verrouille par une clé musicale la porte de son cabinet noir. Il y cite la Messe des Morts orthodoxe, et très précisément le verset *Que le défunt repose parmi tes vivants, qu'il entre dans l'éternité* – citation à la fois évidente et codée dont l'œuvre se trouve scellée. Dans un carnet tenu lors du séjour clandestin à Venise, il dit apposer à sa musique le verset des Morts « comme cette *pierre* que roula Joseph d'Arimathie pour clore le tombeau du Christ et que les derniers témoins de la Passion regardaient fixement, hébétés par l'échec de leur Maître, abrutis de souffrance ». Piotr Ilitch écrit *pierre* en français, la langue de son enfance. Il joue sur son prénom.

Tchaïkovski taquine ainsi les commentateurs. Dans la sixième symphonie, il se confie avec insistance, la désigne comme un « programme », mais y maquille ses aveux, invitant les biographes à traquer des secrets tout en déroutant l'enquête. Quel peut être le mystère ? D'en appeler aussitôt aux tourments du musicien ou à ses dissimulations, comme si le secret d'un être résidait dans ses coulisses.

Si Tchaïkovski parlait encore de *Symphonie à programme* l'été 1893 et même au soir de la première de l'œuvre, le 28 octobre, il ne révéla qu'après le concert le nouveau titre, substituant le mot *pathétique* à celui de *programme*. « Pathétique » : qui émeut les passions, dit un dictionnaire de l'époque. L'adjectif peut définir une bonne partie des œuvres d'art, musicales ou non. Le nouveau titre se révèle donc plus imprécis que celui de *Programme*, et brouille à nouveau les pistes. La mort du compositeur, moins de deux semaines après la création, se chargea pourtant de conférer à *pathétique* la gloire sombre d'une légende.

Il suffit de savoir que la semaine vénitienne de juin 1893 survint alors que le musicien jugeait achevée l'élaboration de la symphonie, se réservant l'été pour l'orchestration. Il songeait déjà, si l'on en croit ses lettres, à d'autres œuvres, autour du piano, de la flûte ou du violoncelle, dont deux ou trois pièces de concert d'un caractère brillant.

Le rapide séjour à Venise intrigue davantage que la composition de la future *Pathétique*. On a vu que celle-ci était presque achevée. Pourquoi Tchaïkovski cacha-t-il cette visite ? Ses proches – y compris Modest, proche parmi les proches – n'en soupçonnèrent pas l'existence. Ils ignorèrent aussi jusqu'au bout le projet d'un ballet, *Le mannequin d'or*, esquissé durant la semaine vénitienne. On n'en trouve pas trace dans les archives de la maison de Klin, ni dans la bibliothèque ou les éphémérides du musicien.

L'*échappée* trompe l'enquête des chercheurs les plus maniaques. Certains ont débusqué le nom du batelier qui, lors d'un précédent séjour à Venise, chantait le matin du 17 décembre 1877 sous les fenêtres de l'hôtel Beau Rivage. Le compositeur y travaillait à sa quatrième symphonie. D'autres ont déduit de la compilation des almanachs moscovites le temps qu'il faisait lors de la première d'*Eugène Onéguine*. D'autres encore savent le prénom, ou le surnom – Nastenka – de la jeune prostituée à laquelle le neveu, Bob Davydov, donna rendez-vous devant le théâtre Marie de Saint-Pétersbourg, la veille du départ de Piotr Ilitch pour Cambridge.

Ce dernier détail nous intéresse davantage. Bien qu'anecdotique, l'épisode Nastenka joue son rôle dans la genèse du *Mannequin d'or*. J'ai pu reconstituer la scène, notamment grâce aux papiers inédits du séjour de juin 1893 à Venise.

Le musicien, son frère Modest et Bob sortaient d'un dîner au restaurant Leiner, sur la Perspective Nevski, quand Nastenka aborda le jeune homme avec familiarité. Piotr Ilitch comprit aussitôt que son neveu et la prostituée se connaissaient. Jaloux du moindre sourire de Bob, Tchaïkovski devint un fantôme. Rien ne pouvait le tirer d'une sorte d'absence hagarde. Bob avait-il ses habitudes avec cette fille, avec une *fille* ? Tchaïkovski partit pour Cambridge dans un état déplorable. On comprend mieux son désarroi durant ce voyage et le temps qu'il mit à regagner ensuite la Russie, de façon erratique.

Nul ne saurait son détour par Venise si le financier Charles Bauer, mon frère – « Carlo », disent souvent ses intimes –, ne s'était enfin résolu à ranger le fatras dont s'empêtraient les combles du palazzo Merhi. Il avait acquis cette demeure, rio del Val depuis quatre ans. Il se promettait chaque saison d'en finir avec le désordre des précédents propriétaires. Ceux-ci avaient entassé sous le toit, à l'abri des crues menaçant le rez-de-chaussée, toutes sortes de rebuts, en particulier un nombre insolite de cintres et de bustes d'essayage. Là dormaient une vingtaine de plaques gravées, en cuivre. Elles s'empilaient sous un pinceau de lumière qui, par un châssis encrassé, tombait de la toiture, s'imprégnant peu à peu de la poudre soulevée par le déballage. Parmi de vieux meubles et des rideaux enroulés, se trouvait aussi une malle portant une étiquette au nom du *docteur Basil Bartovitch Barparoz (Saint-Pétersbourg)* ; malle qu'on n'expédia d'évidence jamais.

Les années 1980 commençaient. J'avais vingt-cinq ans. Nous étions dans les derniers jours de juin. Je me trouvais au palazzo Merhi. J'y passais deux semaines auprès de Carlo. Je voulais apaiser la souffrance lente, morne et lancinante d'un amour incurablement non partagé.

Le chagrin m'avait fait quitter le conservatoire. J'y avais suivi jusque-là les cours de direction d'orchestre puis m'étais rendu à l'évidence : le trac m'entravait ; je n'avais ni la maîtrise physique, ni la gestuelle qu'exigent ce métier. Seul mon intellect s'exprimait : pas les bras, ni le visage. « La théorie n'a jamais dirigé un orchestre », me dit mon maître, un ancien timbalier. « Un orchestre c'est un corps. On se trompe lorsque l'on parle de direction, de chef. Diriges-tu ton corps, diriges-tu ton âme immortelle ? Font-ils tous deux tes quatre volontés ? »

Celle que j'aimais avait été longtemps ma condisciple en classe d'écriture. Disons qu'elle s'appelait Angélique. Elle se surnommait elle-même Furtive, « celle que l'on cache et qui se cache, disait-elle. Je me dissimule et me garde en secret comme on le ferait d'un larcin ».

Malgré notre emportement réciproque, peut-être à cause de celui-ci, elle m'avait préféré un homme plus âgé, un certain

Cheireddin. Quinze ans d'écart. Il venait d'Izmir, passait pour poète et maître de sagesse. Poète sans œuvre, à dire vrai : il n'en livrait que des fragments toujours en devenir, où la psychanalyse se mêlait de soufisme. Il attira celle que j'aimais dans le cercle de ses admirateurs – le plus souvent des admiratrices. C'était l'air du temps. Trente ans plus tard, je reste surpris qu'une intelligence telle que celle d'Angélique ait adopté ce trait d'époque. Elle ne tarda pas à s'affranchir du mage et de sa cour. Mais la vie nous avait déjà séparés.

Angélique me donnait le trac. L'orchestre me donnait le trac. Sans doute le trac est-il une forme du désir ; d'autant plus entravant quand ce désir, comme certains accords, ne trouve pas sa résolution et se suspend en dissonance, sans issue. J'avais presque réussi à me maîtriser, à surmonter cette gêne, lorsque Angélique s'en alla. Le trac revint, inexorable. Je ne pouvais plus diriger. Je n'avais pas le don de composer. Il me fallut adopter une autre existence.

Notre oncle Emilio Bauer nous avait pris en charge après la désertion de notre père. Celui-ci ne souhaitait plus s'embarrasser de ses fils, ni de leur mère. Après s'être établi avec un ami dans un atelier d'artiste qu'il s'était aménagé à quelques rues de chez nous, il avait demandé le divorce et prétendu se consacrer à la peinture, son activité favorite. La famille – je veux dire le Consortium Bauer, dont nous étions les héritiers – le lui avait interdit. S'il persistait dans ce projet, on lui retirerait sa place d'administrateur dans les conseils du groupe. Ses avoirs ne seraient pas transférables. Notre père garda ses actions, ses conseils, ses sièges, ses jetons de présence, son atelier et son ami.

Il accepta une séparation de corps. Notre mère s'en contenta, bien mieux que nous ne pensions : elle ne voulait pas reprendre la vie commune mais souhaitait demeurer Mme Bauer, avec les prérogatives que la famille conférait à l'épouse d'un administrateur.

Ma répugnance pour notre père, le violent égarement dans lequel me jeta la disparition d'Angélique entrent pour beaucoup dans l'intérêt que je porte aux passions sans issue de Tchaïkovski. Je reconnais dans le Russe une fièvre qui me fait horreur bien que j'en aie moi-même longtemps été la proie. Tchaïkovski avait douloureusement compris que le trouble ne venait pas des personnes aimées, ni de l'orientation sexuelle, mais de l'amour lui-même, quel qu'en soit l'objet.

Quand Carlo, mon frère, et moi découvrîmes, voici trente ans, le coffre du docteur Barparoz, ma jalousie – l'obsession démentielle des amours d'Angélique – valait bien celle qui torturait Tchaïkovski sous l'emprise de son neveu Bob, ou de l'image qu'il chérissait en Bob. Contrairement à lui, je ne songeais pas à mourir – j'avais seulement peur d'être saisi malgré moi par le suicide. J'évitais ainsi les portes-fenêtres ouvertes sur les balcons, par crainte de me laisser aspirer par le vide. Je ne voulais pas me jeter dans la rue ; je redoutais qu'un autre moi-même, mon double de néant, m'y précipite malgré moi.

Je voulais disparaître. M'en aller, changer de monde, m'effacer du *cursus honorum* des Bauer, vivre uniquement pour l'activité de l'esprit, sans les désordres du désir et l'infernal manque de l'amour.

Dès mon adolescence, notre oncle Emilio – qui veillait à notre éducation – avait combattu mon goût de la musique. Les prétentions artistiques de son frère – notre père – n'avaient eu, selon lui, que les plus détestables conséquences. Comme Orlando, mon frère aîné, il pensait que cette fantaisie passerait et que je prendrais dans le Consortium la place qui me reviendrait.

Parallèlement au conservatoire, je fis du droit. Mésaventure qui fut aussi celle de Tchaïkovski. Celui-ci quitta le ministère de la Justice au bout de trois ans pour se consacrer à la composition. Pour ma part, si j'avais renoncé à l'orchestre, j'évitai le groupe familial, voulant changer d'air et de scène. Lors de la découverte de la malle, au palazzo Merhi, je venais d'entrer à la Section de recherche et de documentation du ministère des Affaires étrangères. Autrement dit, l'un des organes du Renseignement.

Cet été 1984, je logeais dans une chambre dont les fenêtres donnaient sur le rio del Val, par lequel on accède au palazzo, presque un rio privatif. On la nomme chambre aux Livres, car il s'y trouve une magnifique bibliothèque. J'appris bientôt – ce récit le montrera – que cette chambre avait été celle d'un hôte de marque, voici presque un siècle.

La malle Barparoz contenait des liasses de papiers – certains intacts ; d'autres froissés, brûlés ou déchirés – qui, tous, avaient été, jadis, restaurés, recollés, repassés. On les avait ensuite annotés au crayon d'une écriture soigneuse et fruste, en italien. Sans doute l'œuvre d'un domestique. Les mentions nous surprirent : panier à papiers de la chambre Lilas (6 octobre 1892), poêle de la chambre Lilas (8 janvier 1892), âtre de la cheminée de la chambre aux Oiseaux (17 janvier 1894), corbeille de la salle aux Bustes (4 février 1893), panier de la salle de bain Jade (18 mars 1896), etc.

Il s'agissait de lettres, de fragments manuscrits ; en général des brouillons. Allemand, italien, espagnol, français, anglais, polonais, russe, norvégien... la plupart des langues du continent. Figuraient aussi des croquis, des esquisses, des ébauches de dessins, d'aquarelles. Presque rien n'était signé. Le domestique chargé du ramassage avait ajouté les initiales de chaque auteur. Un rapide examen permit d'identifier nombre d'artistes importants.

Carlo fit descendre la malle, afin d'en examiner avec nous le contenu. Se trouvaient là son épouse, Effi, notre cousin Marc de Scharnast et quelques amis dont le compositeur Peer Basel, mon ancien condisciple. Nous nous étions liés d'amitié au conservatoire juste après que j'eus fait connaissance d'Angélique.

En plus de la malle, Carlo fit transporter les vingt-quatre plaques de cuivre gravées. Il s'agissait de matrices : une suite d'estampes, ignorée jusqu'alors, représentant les feux de la Saint-Jean sur le Grand Canal. L'expert du musée San Giorgio la nomma « Carnaval des Pùpoli », du nom des personnages costumés, sortes de mannequins ou pantins, que le graveur y représente. L'attribution à Tiepolo ne fait aucun doute.

Alors qu'il triait les papiers de la malle, Peer Basel mit au jour un dossier ayant pour titre en russe *Zolotoy maneken, Le mannequin d'or*. Outre un carnet noirci de phrases jetées au fil de la plume et des feuilles volantes, il contenait quinze pages de musique. Celles-ci étaient annotées ; des abréviations précisaient les instruments. On trouvait aussi de nombreuses ébauches de thèmes et une trentaine de mesures orchestrées. Je reconnus au premier coup d'œil un rythme de marche comparable à celui du troisième mouvement de la *Symphonie pathétique*. Une mention, de la même main que la musique, précise : « Grand bal du Conseiller Rotbart. Pour l'embrasement des bûchers. » Ensuite une biffure : « Ressemble trop à symph. n° 6 ». Plus loin, la même main raye le nom Rotbart – sans doute pour éviter la confusion avec le sinistre enchanteur dont les maléfices hantent le *Lac des cygnes*. Il est remplacé par Barbaros, personnage dont nous avons découvert plus tard, dans d'autres papiers, le caractère non moins funeste.

Ce Barbaros du *Mannequin d'or*, en effet, ne vaut pas mieux que le Rotbart du *Lac des cygnes*. Tantôt homme, tantôt hibou, Rotbart métamorphose en cygne blanc l'idéale Odette dont le prince Siegfried est amoureux. Il lui substitue un double maléfique : Othilie, le cygne noir. Abusé, Siegfried se fiance avec la noire au lieu de la blanche, Othilie au lieu d'Odette. On verra plus loin combien le Barbaros du « Grand bal » esquissé dans le manuscrit vénitien ressemble à Rotbart, jusque dans ses pouvoirs de métamorphose. Son caractère fatidique confirme, s'il le fallait, que les liasses sont bien de Tchaïkovski.

L'écriture maladroite du collationneur désignait l'auteur des feuillets par l'abréviation M°P.C. Autrement dit : maestro Piotr (ou Pietro) Ciaikovski, transcription italienne du russe. La comparaison avec les autographes du compositeur ne laisse aucun doute : il ne s'agit pas d'un travail de plagiaire ou de faussaire.

Le texte est rédigé en cyrilliques à l'encre mauve. Une note à l'encre noire, également de Tchaïkovski, précise en français :

*ballet-pantomime ?,* suivie – mais cette fois sans point d'interrogation – du titre, également en français : *Le mannequin d'or*. Une troisième main, différente de celle du compositeur et du collationneur, sans doute celle de l'intendant, ajoute en cyrilliques au crayon rouge : « Corbeille à papiers de la chambre aux Livres. Luigi n'a pas noté le jour, mais c'est vers la mi-juin, 1893. »

Scrupuleux, le préposé de Basil Bartovitch a même conservé quelques boîtes vides de cigarettes Sobranie, un tabac russe que l'on trouvait à Londres. Le compositeur a gribouillé sur l'une d'elles l'intonation liturgique orthodoxe de deux psaumes, qu'il utilise l'un et l'autre dans plusieurs ébauches des papiers vénitiens : *Pitié pour moi, Seigneur, en ta bonté* (50) et *Sauve-moi, ô Dieu, car les eaux me sont entrées jusqu'à l'âme* (68). Sur une autre boîte à cigarettes, Piotr Ilitch relève un numéro de page – 221 – et une phrase, en français. Ces références renvoient à l'un des *Contes de Pifania Vécia*, recueil qu'il utilisa pour rédiger le livret du *Mannequin d'or*. La vieille Pifania, comme Ma Mère l'Oye de Perrault, est un personnage de folklore. La phrase, notée page 221, joue un rôle majeur dans la conclusion de l'œuvre inaboutie : « Une pierre à feu, une bougie noire et un couteau. »

Manifestement, ce docteur Barparoz était un amateur forcené d'autographes. Il avait conçu mille stratagèmes pour en soutirer aux hommes célèbres, soit par fétichisme, soit pour les revendre à profit – peut-être les deux. À moins, suggéra Carlo, qu'il s'agisse d'un biographe victime du besoin compulsif propre à sa profession de fouiller au plus bas. Ce à quoi notre ami Peer Basel répondit que beaucoup d'auteurs n'attendaient que cela, accumulant toutes sortes de variantes, griffonnages, misères intimes et indiscrétions afin d'appâter les chercheurs et nourrir des thèses.

Propriétaire du palazzo Merhi de 1881 à 1912, l'étrange médecin usait d'une ruse subtile. Par le truchement d'émissaires, il conviait tel ou tel grand homme à profiter de sa demeure vénitienne pour y travailler ou se divertir. Il n'exigeait rien en retour. Il ne se montrait pas, il n'importunait jamais ses hôtes, ce qui semblait d'une rare libéralité. Chaque jour, à la faveur du ménage, Barparoz faisait collecter les paniers, corbeilles et autres poubelles. L'intendant lui expédiait périodiquement l'ensemble soit à Saint-Pétersbourg où il vivait, soit à Gelincik, sur la mer Noire, sa ville natale, où il avait une belle demeure, parc et port privé. Tchaïkovski ne pouvait que mettre en alerte un collectionneur d'inédits et de variantes : il écrivait jusqu'à dix-huit lettres par jour sans cesser pour autant de composer avec une rapidité peu commune – voire de tenir, plus ou moins régulièrement, son journal.

Sur ce Basil Bartovitch Barparoz, il n'existe guère de renseignements. Ses cartes de visite annoncent : « Docteur en médecine. Conseiller pour personnes sensibles. Affections des nerfs. » Il vendit son palazzo juste avant sa mort « pour châtier Meg de sa vilenie ». Son épouse ? Sa maîtresse ?

Un autre invité de Barparoz donne quelques renseignements sur ce mécène douteux. Il s'agit d'un haut fonctionnaire de la police impériale, logé au palazzo, chambre du Matin, quelques jours après le passage de Tchaïkovski. Le brouillon de cette lettre est écrit sur un papier à l'entête du ministère de la Police générale. Il porte la date du 11 juillet 1893. Le texte est, ici ou là, sagement barré, de sorte que les mots restent lisibles sous les ratures. L'auteur a signé, ce qui surprend chez un homme dont le métier exige la dissimulation, d'autant qu'il ajoute : « Conseiller titulaire, chef du service. » Son message le laisse entendre : l'homme, sachant que l'on relevait les paniers, adressait en quelque sorte une carte de visite, montrant au docteur Barparoz que l'administration connaissait son manège.

À son correspondant – mais peut-être n'existait-il pas d'autre correspondant que le propriétaire du panier à papiers… À son correspondant, qu'il nomme « très cher maître et ami », le conseiller dit avoir reçu un opuscule signé de Basil Bartovitch Barparoz, « l'invisible mécène ». Le titre, vieillot, fleure plutôt les années 1830 : *La Pierre des philosophes* ou *Le christianisme rectifié à la lumière de la raison, de l'effusion et de l'utilité sociale.* « C'est l'ouvrage de mon docteur Miracle, écrit encore le conseiller, tout droit sorti des fadaises de Mme Blavatsky, mâtiné de Vico et saupoudré de mystique phrénologue ». Le propriétaire du palazzo Merhi dut apprécier.

Quant à moi, lisant cette critique des théories de Barparoz, je songeai à une autre imposture – à cet autre « docteur Miracle », ce Cheireddin dont les théories brumeuses compromirent mon existence. *La Pierre des philosophes* de Basil Bartovitch ne vaut pas mieux que la « métalchimie de l'âme » et le « tantra de l'ivresse » du poète qui séduisit ma trop chère Angélique.

Le haut fonctionnaire ajoute : « Comme il n'est pas exclu que le complaisant docteur Barparoz fasse lire le courrier (je suis bien placé pour connaître les mouchards), je me permets de le saluer. J'espère, docteur, que vous apprécierez le compliment : je vous compare à Vico, fût-ce par la marge. » Le policier ne se trompait que sur un point : Barparoz ne faisait pas lire, ni copier, les courriers. Ceux que l'on postait du palazzo parvenaient intacts aux destinataires. Basil Bartovitch ne s'attachait qu'aux brouillons : il convoitait les repentirs et autres choses tues.

Le conseiller titulaire signait A.S.

Après avoir lu cette lettre, je la tendis à notre cousin Marc de Scharnast, qui assistait avec nous à l'ouverture de la malle. Celui-ci reconnut le paraphe. « Ne manquait plus que lui, dit-il ! Que venait-il faire ici ? «. C'était la signature d'Arnoult de Scharnast, son aïeul, qui fit par la suite une belle carrière dans l'Empire. Ainsi le hasard – sans doute, le besoin d'une enquête – avait-il conduit, jadis, le conseiller Scharnast dans la chambre du Matin de ce palazzo qui deviendrait, par une suite d'autres hasards, celui de l'un de ses petits-neveux Bauer.

Piotr Ilitch n'en savait pas sur Basil Bartovitch aussi long qu'Arnoult de Scharnast. Écrivant une lettre-fleuve à un correspondant inconnu, Tchaïkovski se contente d'annoncer son arrivée « chez un docteur Barparoz, dont j'ai trouvé l'invitation sur le chemin du retour de Cambridge, un billet remis au concierge du Richepanse ». Il appréciait cet hôtel parisien, proche de l'église de la Madeleine.

Le musicien n'envoya pas cette longue lettre, pourtant achevée. Sans doute jugea-t-il que les pages s'étaient transformées au fil de la rédaction en un fragment de journal intime dont il ne voulait pas garder trace. Il mit tout au panier, sans nom ni adresse.

Au fil de cette lettre, le compositeur nomme le destinataire Liocha, diminutif d'Alexeï. Certains passages laissent néanmoins penser que « Liocha » serait le poète Alexeï Nikolaïevitch Apoukhtine, surnommé par ses contemporains l'« Oscar Wilde russe ». Oublié de nos jours, Apoukhtine fut le condisciple de Piotr Ilitch lorsque celui-ci, adolescent, faisait ses études à l'école de Droit, une des institutions scolaires prestigieuses de Saint-Pétersbourg. Tchaïkovski le désignait alors comme son « cher mauvais ange ». Le musicien s'était ensuite péniblement détaché de ce chétif et brillant provocateur, passion de sa jeunesse, qui se vantait de l'avoir initié « au plus haut des cieux ». En 1893, lors de la semaine vénitienne, Apoukhtine se mourait à Pétersbourg. Atteint d'hydropisie, il était devenu obèse.

> Barparoz, écrit Tchaïkovski, veut me tenir à l'abri des bassesses de ce monde pour me permettre de vivre à loisir dans son palazzo, le temps qui me convient. J'ai craint, au début, une nouvelle version de l'insupportable von Meck. La Nadejda. Tu sais, la baronne-constrictor qui s'est instituée ma protectrice. Pire qu'un boa : m'entourer, m'abriter, m'emprisonner de ses bienfaits. Nadejda me logeait dans l'une ou l'autre de ses résidences pour que je travaille en paix, soi-disant. Mais il fallait produire : pas de séjour sans un chef-d'œuvre, maître ! Je suis votre muse, tout le monde doit le savoir. Basil Bartovitch, *a priori,* ne demande rien. Comme la von Meck, le docteur me promet l'argent pour composer sans souci. Comme elle, il interdit la moindre tentative de chercher à le rencontrer. Mais je ne veux surtout rencontrer personne ! Ni la boa, ni le Barparoz. En tout cas, il semble moins rapiat que la Muse et ne demande rien en

échange de ses bienfaits. Espérons qu'il n'interrompe pas les versements aussi soudainement que cette timbrée.

Après une digression surchargée, illisible, le musicien poursuit :

Tu sais mes désillusions à fréquenter ce genre d'invisibles bienfaiteurs. Néanmoins, une fois encore, je cède à mon rêve d'une bonne puissance guidant mes pas, prenant sur elle le fardeau de mes doutes. Une main cachée. Un destin pour une fois bienveillant. Cela changerait du retour de la fatalité, de ces raz de fatum qui déferlent quand je m'y attends le moins. Les fanfares du destin, les cuivres déchaînés. L'écœurement, l'avachissement que m'a reproché voici quelques jours un Français, un inconnu.

Laisse-moi te raconter.

Cela se passait au Café de la Paix, à Paris. Un homme – musicien, c'est sûr – avait lu dans son journal les nouvelles de Cambridge la remise des diplômes. *Honoris causa* ! Moi ! Ce monsieur grognait contre l'honneur qu'on venait de me faire. Il n'avait pas trente ans. Il ne pouvait me reconnaître, car je me trouvais en retrait, à deux tables de là : « Ce Russe, disait-il, a la manie du Destin. Il en prend prétexte pour une sorte de déhanché mélodique à la manière des casinos. Bien sûr, il est doué. Une extraordinaire facilité. Une facilité qui tourne une fois sur deux au manque de style. Il n'exerce aucun contrôle sur lui-même. »

Oui ! ai-je failli répliquer, c'est cela le désespoir, monsieur. Vous avez raison : non pas un haut-le-cœur, mais un bas-fond du cœur, un spasme du caractère ; une gueule de bois mentale : une montée de vomi psychique. Fortissimo : quatre cors et deux bassons. Et me voilà par terre, dégobillant de l'âme, vautré dans ce dégueulis que je suis à moi-même. Ma nature sentimentale, dirais-tu, toi, Liocha... Tout est souillé. Fatidique et vulgaire, parfaitement monsieur. Le fatidique est vulgaire, le vulgaire est fatidique. On ne choisit pas d'être vulgaire : ça vous prend tandis qu'on se rêve de grands sentiments.

Dès mon arrivée à l'hôtel Richepanse, j'ai sorti le portrait de mon neveu Bob. Tu l'as connu enfant, toi aussi : le jeune Vladimir Lvovitch Davydov, le fils de ma chère et si malheureuse défunte sœur Alexandra.

Bobik a vingt-deux ans, maintenant. Te rends-tu compte ? J'ai posé la photo-carte sur le bureau. Bob me manque, même lorsqu'il se trouve avec moi, surtout lorsqu'il est avec moi. Il est là, il me manque. L'insatisfaction, devant lui, à côté de lui, m'affole et m'inquiète. Lorsque je suis sans Bob, il me manque peut-être moins douloureusement, moins follement. Il n'y a pas la joie torturante, le désespoir avide d'être face à lui. Je souffre de façon plus tendre, résignée : la tristesse se fait douce, méditative, comme la lampe devant l'icône de la Vierge au coin du salon – la Vierge de Tendresse qu'aimait tant ma mère. Nous nous rendions chaque soir devant elle, conduits par notre gouvernante Mlle Fanny. Fanny était luthérienne, certes, et transigeait peu sur ces questions, mais partageait de bonne grâce nos prières.

Bien que j'en veuille immensément à Bob et qu'il me fasse souffrir avec toute l'impudence de son égoïsme, je n'ai pu rompre avec mes habitudes. Comme toujours lorsque je m'installe quelque part, j'ai pris son portrait. Je l'ai contemplé juste avant de le poser sur le bureau du Richepanse. Bob souriait d'un regard franc et droit, avec ses dents gracieuses, l'élan de son regard, sa confiance juvénile. Mais la magie de l'amour m'avait quitté – cette magie douloureuse et familière. Depuis mon départ pour Cambridge, le ravissant portrait m'humilie. À la seule vue de la photo-carte de Bobik, je me sens au rebut. Je mesure l'étendue de ma déchéance. Depuis des mois, je deviens le brouillon de ce que je me promettais d'être. Ridicule, fangeux, lourd.

J'en suis encore surpris : une tristesse de cauchemar, le coup de baguette de la fée Carabosse. L'amertume des dernières heures passées à Pétersbourg m'est revenue à l'esprit. C'était avant mon voyage anglais. J'ai retrouvé le moment. Le moment où j'ai compris que le sourire de Bob n'était pas pour moi, n'avait jamais été pour moi. S'adressait à quelqu'un d'autre. Oui, j'ai découvert qu'en cachette, Bob avait envoyé à quelqu'un d'autre une copie de ce portrait, du portrait qui m'est réservé.

Moi j'arrive à Paris, hôtel Richepanse, nanti de ma peau d'âne *honoris causa*. Et la même photo-carte se trouve à Pétersbourg au même moment entre les doigts de quelqu'un d'autre. Peut-être Bob court-il, pantelant, s'offrir à l'autre, lui sourire de ce merveilleux sourire, de ses yeux d'enfant ? Oui, Monsieur du Café de la Paix, c'est vulgaire et fatidique, fatidique parce que vulgaire.

Je suis là, sale de mon malheur, malheureux de salir, de me salir, de salir mon neveu, mon si cher Bobik. De suer la salissure. La fanfare à quatre cors et deux bassons. « Le cuivrage d'une instrumentation quasi militaire », dit Monsieur du Café. Le cuivrage que vous me reprochiez, jeune critique inconnu. Parfaitement, je n'exerce aucun contrôle sur moi-même. Mon incontinence empeste ma musique, empuantit mon esprit.

Maintenant, je te vois, Liocha. Comme au temps de l'École. Tu faisais partie des Liocha qui se travestissaient volontiers. Alexeï, Alexis et Alexos. Liocha 1, Liocha 2, Liocha 3. Le trio des

Liocha... Incontestablement, tu étais Liocha 1. Je te vois, dans ton numéro de matrone à colossale poitrine, prétendument abbesse du Nouveau Couvent des Jeunes Nonnes :

— Fi, quel vieux bouc vous faites, Piotr ! Jalousie de satyre ! Vous vous comportez comme si vous étiez Madame Légitime, l'épouse de votre neveu. Mêlez-vous de ce qui vous regarde. Si quelqu'un d'autre que vous met ce jeune homme en chaleur, rentrez à la niche. Vous êtes-vous promis quoi que ce soit, tous les deux ? Bob vous doit-il devant Dieu amour, fidélité ?

Évidemment, Liocha, tu as raison : non, nous ne nous sommes rien promis. Je ne suis que son oncle, pas même son ami de cœur. Sous ton costume d'abbesse, tu fustiges ma candeur enfantine : candeur rancie ; tu la jugeais déjà telle quand nous avions dix-huit ans. Je n'ai aucun droit sur Bob. Bob ne me doit rien. Je t'entends d'ici : « Qui, sauf toi, peut croire un instant que ta passion pour ce neveu tout frais soit une sublime passion paternelle ? Pygmalion n'a pas sculpté la statue de sa belle par amour de l'idéal. Tu le sais : il faisait sa poupée d'autant plus suave et désirable qu'il entendait, pour finir, coucher avec elle. Un jeune Bob qui se lance dans la vie ne s'embarrasse pas d'un vieil oncle comme toi, fût-il *honoris causa* ».

À ce moment, j'ai vu le carton de Barparoz, dont j'avais voulu jusque-là refuser l'invitation. Mieux valait, avais-je pensé jusqu'alors, rentrer vite à Klin, instrumenter ma symphonie, la sixième, la Programme, dont j'ai fini le brouillon. L'envie m'est pourtant venue de gagner Venise. Pour mettre un peu d'ordre dans mes idées ; pour tempérer la souffrance, calmer cette histoire du portrait de Bob, toute cette cuisine de sentiments dans laquelle nous nous trouvons reclus, nous autres. M'inventer, pour moi, et – qui sait ? – pour Bobik, un avenir qui ne soit pas trivial.

Cette fois je rêve prudemment, Liocha. Je ne reste au palazzo Merhi que peu de jours ; le temps de garder mon illusion d'un *Barparoz ex machina*, bienveillant docteur, me libérant du souci.

Nadejda von Meck fut ma mécène quatorze années durant. Certaines fées sont de mauvaises fées : elle fut une mauvaise mécène, une rose fanée, empoisonnée. Quelle romance à deux sous lui inspira cette sottise : devenir ma Muse à sa manière de bas-bleu ?

Dans le mélodrame dont ma bienfaitrice me pourrissait en m'offrant son argent, elle s'imaginait être l'Esprit des lieux, interdisant que l'on voie son visage. Moi, j'étais Psyché transportée par les zéphyrs dans la demeure merveilleuse de l'invisible Éros où tous les larbins du protecteur caché m'étaient aux petits soins. Seulement, voilà : Psyché, lorsqu'elle prend sa lampe au cœur de la nuit, découvre dans la chaude lumière un ravissant visage : celui d'Éros, l'époux masqué. Mais moi, qu'ai-je découvert ?

Au Bolchoï, Liocha, quand tu m'as enfin montré l'Ange gardien, la Bienfaitrice, j'ai vu tout autre chose qu'Éros. Assise aux premières loges, j'ai vu la vieille perfide Nadejda Filaretovna, ses petits cheveux gris de caniche, sa petite bouche de biscotte, ses petits yeux de souris, ses petites mains de squelette. Onze enfants. Elle a eu onze enfants ! Sans jamais avoir ressenti le début du commencement de l'éventualité d'une jouissance ; sans jamais en avoir donné. Elle produit des gamins comme ses paquets d'actions produisent des dividendes.

Après cette charge contre Mme von Meck, Tchaïkovski cesse de nommer le destinataire de la lettre. « Liocha » disparaît. Le ton devient celui d'un journal : Piotr Ilitch n'écrit plus pour l'inidentifiable ami mais pour lui-même, suivant ce qu'il appelle sa « manière de réfléchir ». Ajoutant : « Je ne réfléchis que par écrit ou en composant, qui sont choses semblables. »

La suite fait d'ailleurs douter que le « Liocha » du début du texte soit vraiment le poète Alexeï Apoukhtine. Sans doute Piotr Ilitch a-t-il perdu le fil de cette lettre qu'il n'enverra pas, ne sachant plus vraiment à qui tout cela s'adresse. Il évoque bientôt Apoukhtine de manière explicite, désobligeante. Il ne se serait pas adressé à lui en ces termes, ni ne l'aurait décrit comme s'il s'adressait à un tiers. On reconnaît dans ces passages injurieux le ton dont il usait deux ans et demi plus tôt, octobre 1890, dans une lettre à Bob Davydov, encore plus claire :

> Ton rapprochement avec Apoukhtine me déplaît. Je te prie instamment de garder tes distances avec lui. Je n'ai pas envie de t'en expliquer les causes, car cela m'obligerait à exprimer l'opinion qui s'est forgée depuis longtemps dans mon esprit le concernant. Je la tais toujours, car elle ne colle pas avec les relations certainement amicales que j'ai avec lui. Apoukhtine est un homme très agréable en société et tu peux tant que tu veux goûter son esprit lorsque vous êtes en nombreuse compagnie. Mais au nom du ciel, n'en arrive pas à une amitié ni à des tête-à-tête trop nombreux. Il ne pourra en résulter rien de bon, ni même rien d'agréable, car Apoukhtine n'est intéressant qu'en société. Si au cours de mon séjour à Saint-Pétersbourg tu vas le voir trop souvent, cela m'empoisonnera la vie.

Piotr Ilitch, ce mois de juin 1893, savait l'« Oscar Wilde russe » dans un état trop grave pour lire la lettre qu'il était en train d'écrire de Venise. Il s'était rendu à son chevet avant de prendre le train qui le mènerait jusqu'à Ostende, d'où le ferry ralliait l'Angleterre. Du « cher mauvais lutin » d'autrefois ne restait qu'un gisant courtaud, énorme, nécrosé. Le musicien s'était trouvé mal. Dans sa jeunesse, Alexeï Apoukhtine le fascinait. Le dégoûtait aussi. « Liocha est fait de cette matière répugnante dont on fait des gammes suaves », confie-t-il dans sa lettre vénitienne.

Ils s'étaient connus à l'école où Piotr fut interne dès l'âge de dix ans. Apoukhtine en imposait par son talent précoce. Il conduisit Tchaïkovski à vivre aussi librement qu'il était possible ce que l'un et l'autre nomment avec ironie leur *particularité*. Il le fit recevoir au Conseil des Bougres dit aussi Conseil de Chautemps, du nom du restaurant pétersbourgeois où se réunissaient les adeptes des *mœurs asiatiques*. Parmi les habitués se trouvaient plusieurs hauts personnages, dont trois princes, mais aussi des figures de l'intelligentsia, entre noblesse administrative et grande bourgeoisie. Le musicien avait fini par s'en détacher tout comme il prit ses distances, non sans déchirements, avec Apoukhtine – sans pour autant rompre.

> Je n'aurais pas dû me trouver au chevet d'Alexeï, écrit-il encore, ayant oublié à qui il destinait jusqu'alors sa lettre. Il avait par endroits la peau bleue. Il pourrit, m'a-t-on dit. Je me suis enfui pour boire quatre cognacs, sans effet. L'alcool, souvent, me déboutonne, libère ma veulerie. Cette fois, rien. L'activité fébrile, le besoin d'obscène, le désir ivre que l'ivresse n'apaise pas, m'ont conduit à gratter ma plaie. Après mille détours, je parvins au Jubelzeit, cette boîte damnée où je ne voulais pas me rendre.

Depuis des années, la police a interdit le Chautemps, le *grand-duché* des Bougres. Pure convenance. Le prince Golitzine rouvrit aussitôt un club qu'il voulut nommer Le Temps Chaud. Alexeï blâma le jeu de mots, *quelle niaiserie, monseigneur !* Il proposa l'équivalent germanique : Jubelzeit, où l'on entendait soit *jubilé*, soit *jubiler*. Contrairement au Chautemps, le Jubelzeit accepte les femmes : cela donne le change aux commissaires des mœurs. *Elles* n'étaient pas de celles qui nous prendraient des garçons, disait le prince, pas plus que nous n'étions de ceux qui leur prendraient des filles. Pour ma part, je n'en suis pas sûr.

Afin de pimenter les choses, Golitzine fit ouvrir dans le fumoir du Jubelzeit une Poste aux Masques : des cases à clés et à courrier sur le modèle d'une conciergerie d'hôtel. Les clés ouvrent des salons particuliers. Les sociétaires en déposent une à leur nom pour la personne qu'ils désirent recevoir. Il s'agit de *noms de guerre*, tels que L'Impératrice rouge, Le Couguar, Le Nègre de Pierre, La Belle Hélène, L'Amazone... L'Orang-outan peut cacher une femme et Carmen un homme.

Quelques-uns s'y logent à plusieurs enseignes, avec trois quatre ou cinq noms différents. Apoukhtine, comme toujours, n'hésite pas : il est Le Turc mais aussi, dans un autre casier, Barberine ou, ce qui m'irrite, Nussknacker, le Casse-Noisette. Dès qu'il a su que je composais un ballet sur le conte d'Hoffmann, il s'est amusé, me lançant chaque fois un clin d'œil. « Tes œuvres m'ont toujours inspiré, très cher. Musiquer ce casse petites-choses c'est tout de même plus gaillard que ta *Pucelle d'Orléans* d'il y a douze ans. Mais quelle idée, Pierrot, quelle idée t'a donc pris de composer cet opéra sur l'intrépide Lorraine ? Serais-tu la vaillante pucelle des Bougres, la *Bougranskaïa boginya* ? Oui, tu es Jeanne à ta façon : une femme dans une armure d'homme. Pendant six grands mois, j'ai tout de même signé mes poèmes

"Jeanne d'Arc" en hommage à toi, ma pâquerette Pierrette. Je fus, au Jubelzeit, L'Orleanskaïa boginya ! Avec d'adorables conquêtes, c'est vrai. Mais je me sens mieux en Nussknacker. J'en ai cassé des noisettes, mon ami ».

Les masques du Jubelzeit sont un jeu de rendez-vous. L'homme, ou la femme, caché sous le *nom de guerre* pose un bristol qui vante par allégories ses charmes et ses attentes. Les visiteurs choisissent parmi les cartels ; en posent à leur tour, rédigés avec cette même trivialité fleurie qui toujours m'afflige. Néanmoins, j'y ai cédé une ou deux fois avant que l'entrée de Bob dans l'adolescence m'interdise le plaisir faisandé dont raffole Apoukhtine. Je me suis imposé une forme de fidélité à l'égard de mon si cher Bobik, même s'il ne soupçonne rien, lui, du contrat passé avec moi-même en son honneur. Je veux, pour lui, redevenir chaste et ne pas lui susciter de rivaux. Jusqu'à ce jour où je me saoulai à cause de ma visite au chevet de l'énorme Apoukhtine. Je me haïssais tant verre après verre que je voulais aller renifler de la pourriture. Ce jour est désormais, pour moi, le 11 mai, le 11 mai 1893, l'irréparable jour du portrait-carte. Jusque-là, je pensais que Bobik ignorait ces rites de l'âge mûr et que ses vingt ans n'avaient pas besoin du Jubelzeit, des noms de guerre et des menteries.

L'échange de bristols par l'intermédiaire des casiers permet de prendre contact. Souvent le sociétaire se trouve dans le fumoir. Feignant de lire son journal ou de causer, il lorgne pour estimer la valeur du gibier. *Ferrer la truite*, selon la langue bougre. Souvent le candidat lui-même se dissimule : on ne sait qui se cache derrière le haut col, le chapeau, la voilette, le long manteau, la fausse barbe ou les fausses moustaches. Mais on a l'idée d'une tournure, d'une prestance, d'un maintien. Après quoi vient l'échange des portraits-cartes. La truite pose d'abord le sien, auquel le sociétaire répond par son propre portrait si la prise lui paraît bonne – portraits souvent flatteurs ou maquillés ; mais c'est l'usage, accepté par les deux parties. Armide peut avoir du ventre et Renaud se teindre les cheveux. Vient alors le rendez-vous. Advienne ce qui peut.

Fuyant le chevet d'Œdème Apoukhtine (il se surnomme lui-même ainsi, désormais), je me rendis au Jubelzeit. J'allais boire comme on se résigne à boire encore alors qu'on a déjà trop bu ; reluquer comme on reluque alors qu'on est un chapon ; m'acheminer sans rémission vers le haut-le-cœur de mon âme basse.

Je traînais devant la Poste aux Masques en fumant. Je vis tout de suite la ravissante photo-carte de Bob, *ma* photo-carte. Ses yeux d'enfant, son sourire intrépide et pur. Le portrait se trouvait dans la case d'un certain Maure de Venise. La carte-réponse, selon l'usage, était épinglée dessus : une épingle d'argent surmontée d'une perle.

Presque personne ne hantait le Jubelzeit à cette heure, une fin d'après-midi. Le concierge, un Mongol, buvait au bar. Il me savait ami d'Apoukhtine, me salua, plongea derechef dans la contemplation somnambulique de sa fiasque : du marc blanc de Provence, chèvrefeuille et poivre répétait-il.

Je pris la carte de Bobik. Il signait Angelo. Je lus tout ce que je n'aurais pas dû lire. Je fis très vite ; la fébrilité du voyeur, l'excitation de l'impuissant. L'épingle de la carte-réponse n'était pas d'argent, la perle était fausse. Cette carte-réponse du Maure en chasse de Bobik représentait une femme de la quarantaine. Ce qui ne voulait rien dire : au jeu de la Poste aux Masques les otaries se présentent comme des sylphes. Ce Maure pouvait être un homme, aussi bien qu'une femme. Il ou elle était là, sur la carte, vêtu ou vêtue à l'arabe, la taille bien prise, les mains sur les hanches, un décor à la pire mode italienne : « C'est moi, portrait fait à Florence où nous irons un jour, mon bel ange rieur. Demain, oui, sois au Grand Hôtel. Je tremble et me réjouis de cette nuit, pour la première fois, ô mon délicieux. Ton Maure. » Suivait un griffonnage illisible.

*Demain,* c'était le soir de notre dîner d'au-revoir au restaurant Leiner, organisé par mon frère Modest pour mon départ à Cambridge. Nous serions en compagnie de Bob et de quelques jeunes nobles du régiment de la Garde.

Je quittai le Jubelzeit.

Je restais encore insensible. Le choc restait indolore. Il faudrait des jours, je le savais, pour que la souffrance s'éveille et me terrasse. Cette douleur règne sans partage depuis les cérémonies de Cambridge. Elle se confond à mon exténuante atonie. L'hébétude. Quatre cors et deux bassons. Le fatum, ma déchéance, l'âge. Les traits de mon visage soufflés par le cognac. Je ne suis qu'un automate hagard : chacun de mes gestes me fait penser à Bobik. Je dis son nom quand je suis seul. Il y a toujours son portrait ; toujours mon désir de le prendre par la taille, d'être pris dans ses bras ; qu'il pose sa tête sur mon épaule, que nous nous prenions par la main dans l'obscurité d'une salle de concert. Pourtant, tout est mort : il se jette dans les bras de l'autre, il l'appelle ma pouliche, l'autre l'appelle mon pur-sang.

Le lendemain de la Poste aux Masques, le petit groupe du Leiner fêta le départ de Piotr Ilitch pour Cambridge. Le compositeur parut emprunté, lointain, mais affable, comme toujours. Ailleurs. Modest mit cela sur le compte du trac : Tchaïkovski multipliait les voyages mais ses proches savaient que le jour venu, pris d'angoisse, il ne voulait plus partir. Bob ne remarqua rien non plus ; parla peu à son *oncle gâteau.*

Pas un mot pour moi, presque pas. Il ne songeait qu'au Maure vers lequel il courrait à la fin du repas. Et je regardais, las de vivre, cette tablée d'amis.

Je m'attendais à souffrir. Pas à ce point. Quand Bob entra au Leiner, la tenue qu'il portait m'atterra. Je me sentis blessé, humilié. Quelques semaines plus tôt, il avait acquis un ensemble – veston, gilet de cheviotte, pantalon ajusté – qui le rendait violemment désirable et vulgaire. « Tout le déhanché *poisse* de vos mélodies », dirait le Parisien du Café de la Paix. Bob ne pouvait se réduire à ça, même si j'aimais le voir ainsi. « Ne t'habille pas en gandin, lui avais-je dit lorsqu'il me montra son acquisition. C'est indigne. » Ce jour-là, il se changea.

Mais ce soir, au Leiner, il s'affichait avec cette tenue de gigolo, tout excité. Il se complaisait à l'idée de ce rendez-vous. C'était visible. Il voulait plaire au Maure, l'attirer, sembler n'être qu'une chose amoureuse.

Alors que nous quittions le Leiner, j'ai proposé à Bob de le poser chez lui. « Non, je n'y vais pas. » Avec un laconisme cruel. Il fuyait mon regard. Mon unique amour grogna de mauvaise humeur au cocher, détournant toujours de moi les yeux : « Vous me laisserez à l'angle de la place Michel. » J'eus presque envie de rire : la place se trouve à deux pas du Grand Hôtel, lieu de son rendez-vous. Moi, cocu magnifique, j'offrais le fiacre au joli Vladimir Lvovitch pour qu'il puisse retrouver plus vite, frais et dispos, l'hôtel, ce Maure de casino et son épingle à fausse perle.

Soudain, une petite prostituée cria, courant à hauteur du fiacre : Bobik ! Lui se retourna, fat, avec une coquetterie de péronnelle : N'aie crainte, je n'ai pas oublié. Lui lança du bout des doigts un baiser, tandis qu'elle répondait, joyeuse : Alors demain mon ange, mon bel ange rieur, devant le Théâtre Marie !

Ainsi donc, le Maure serait trompé demain. Heureux dans quelques instants, bientôt oublié. Je n'en tirai aucun soulagement. Une Nastenka n'est la rivale de personne. Bob l'abandonnera plus aisément que ce Maure auquel il a délibérément choisi de se donner.

De combien d'autres Bob était-il l'ange rieur ? J'étais le seul au cou duquel il ne se jetterait jamais. J'en suis réduit à peser mes chances. Sur qui l'emporterais-je plus facilement d'une jeune putain ou d'un travesti ? Je ne me résous pas au fait de n'avoir aucune chance avec Vladimir Lvovitch – de n'en avoir jamais eu. C'est mon neveu. Quand la santé de sa mère, ma si chère sœur Alexandra se défit (t'avais-je précisé qu'ils la traitaient à la morphine, qu'elle ne pouvait plus s'en passer ?) – quand Alexandra comprit combien les périodes de lucidité se feraient rares elle me dit qu'il faudrait que je sois avec Bob comme une mère. « Tu seras véritablement son oncle maternel, Piotr. »

Modest, notre frère, n'a pas ces pudeurs. Il se rit des obstacles. Sais-tu que son pupille, Kolia Konradi, le petit sourd-muet, est devenu son amant ? Kolia avait à peine huit ans lorsqu'on l'a confié à Modest. Modest le précepteur n'a pas fait que lui apprendre à écrire et même parler... Un préceptorat des Grecs, en somme. Mais Bob n'y songe même pas. Il est à cent lieues de moi. « Il me faut de l'air, disait-il l'autre jour, voyager, voir du monde. Pas toujours avec toi. Je n'ai plus l'âge d'avoir un chaperon. »

Aujourd'hui encore, je m'obstine, je ne lâche pas prise comme s'il m'était possible d'espérer. J'ai besoin d'y croire, de croire à Bobik, tout en sachant qu'il ne s'agit que d'un besoin. Au fond de moi, je n'y crois plus. Mais l'idée de ne plus y croire m'est insupportable. J'y crois encore. Si je lâche prise, les années qui m'attendent n'ont plus de sens. Je suis une locomotive lancée à pleine vitesse sur une voie ferrée dont un mauvais génie fait soudain disparaître les rails. Et la machine avance tout de même sur la caillasse et le sable. Mes bras ne se referment pas sur Bob. Ils n'étreignent qu'un de ces mannequins d'osier dont le sieur Basil Bartovitch Barparoz garnit les couloirs du palazzo, vêtus des habits qu'il distribue à ses hôtes pour Carnaval. Parmi tous ces pantins, costumes et emplois de comédie on doit bien trouver quelque part le personnage du Gigolo.

Voilà pourquoi j'ai répondu au bizarre docteur, dont l'invitation m'attendait à Paris. Revoir Venise, théâtre de notre condition : belles demeures décrépites, chacune plantée dans son reflet, sans autre lien avec sa voisine que ce commun miroir. Et ce qu'il faut de moisissure sous le tain. Le Maure se réclamait de Venise… Je l'affronte sur son terrain.

À mon arrivée, en fin d'après-midi, il faisait beau, très frais. La lagune sentait le large, le vent soufflait. Le vaporetto Barparoz, une machine laquée de noir, traçait sa route parmi le va-et-vient, les bruits, les reflets du soir, du dernier soleil et des premières lanternes.

Il me suffit de savoir que je pourrai, quelques jours durant, lire et ne rien faire, souffler un peu, trouver une issue. Conquérir Bob tout de même, le dompter. Ne plus le ménager, ne plus me dévouer à lui, ni le ménager. L'intimider, le faire céder, le mettre à genoux. Ou l'effacer, ne plus le voir. Quand je le vois, je perds ma force ; mes résolutions ne tiennent plus. Voyager toujours plus. Et, de retour, me retirer dans ma maison de Klin. Composer. Les projets ne manquent pas. J'ai toujours autant d'idées, plus que nécessaire pour dix ou vingt ans.

Chez Leiner, la veille du départ, il y avait aussi des jeunes gardes. Un aspirant balte, Mantelvalg-Fermor, me regardait de ses yeux bleus avec insistance, presque effronté. Pour un futur officier, il n'est pas de haute taille, mais proportions parfaites, vif, souple. L'uniforme du régiment Préobrajenski. Seyant. Met en valeur ses cheveux châtains presque blonds, reflets auburn. Le joli collet rouge et or. Peut-être Bob enragera-t-il ? Si j'emporte Fermor, peut-être ne me trouvera-t-il pas si négligeable ; peut-être me jugera-t-il digne de convoitise. À moins que. À moins que... Bobik peut également tirer prétexte de Fermor pour m'abandonner sans scrupules, se consacrer le cœur léger à ses amours. C'est insupportable.

On m'a installé dans une belle pièce, nommée chambre aux Livres. L'invisible Barparoz n'a pas convié grand monde, ou n'a guère eu de succès : nous ne sommes pas nombreux au palazzo Merhi. Il n'y a que trois étrangers, dans l'autre aile du bâtiment. Nous pouvons vivre à l'écart les uns des autres. Barparoz ne demande pas à ses invités de se fréquenter. Je prends mes repas dans mon appartement. J'ai, pour gagner le quai, une sortie particulière. Mais je préfère la grande entrée.

Dans le dossier des hôtes de mai à juillet 1893, nous sommes tombés, en fouillant, sur la partie la plus mal classée des archives. Le préposé aux corbeilles se nommait alors Luigi, si l'on croit sa signature qui apparaît çà et là. Il semble avoir été négligent à cette période. Il apparut toutefois que résidait chez Barparoz, en même temps que Piotr Ilitch, un Balte, un certain Jods Klugo, peintre, poète et critique d'art – j'écris « un certain », car en ces années 1980 l'école nordique de la fin du XIXe siècle restait mal connue et sous-estimée.

L'appartement du Balte se trouvait dans l'autre aile du palais, une loggia sur le jardin. Il le partageait avec une personne qui se présentait comme *auteur dramatique*, sans doute française, dont Luigi n'a relevé que le pseudonyme : Trajane – choix plus heureux que sa véritable identité, notée au registre de police : Adèle Trujasse. Un autre appartement donnait sur le même palier, qu'occupait la soprano Lorella Marga.

— Lorella Marga ? dit Marc de Scharnast, notre cousin.

— Elle aussi à Venise ? Encore un imprévu, comme l'aïeul Arnoult. La Marga se produisait dans les plus grands opéras, dont La Fenice. Lorella Marga... Elle paraît dans tous les salons, parfois disparaît inexplicablement. Puis, au bout de quelques mois, réapparaît ; toujours aussi belle, presque inaltérable. Tantôt dans la loge d'un ministre à Paris, tantôt à la table d'un banquier à Vienne, amie d'un écrivain à Milan, modèle d'un artiste à Londres, confidente d'un musicien à Prague. Les scènes se la disputent. Dans notre roman familial, elle passe comme un chat, à quelques moments de la vie d'Arnoult, le *conseiller titulaire*, l'hôte de la chambre du Matin. Un chat n'appartient à personne, il n'a pas les mêmes lois, il n'occupe pas vraiment le même espace et moins encore le même temps. On acclame Marga, on la fête. Mais elle s'éclipse, sans qu'on y ait pris garde. Les Wagons-Lits, l'Orient-Express, la White Star, les Messageries Maritimes... La voici déjà dans une autre ville, un autre pays, un autre continent. Ne reste d'elle, en fin de compte, qu'un parfum, une énigme, un profil, le doigt posé sur la bouche.

Marc repose la fiche.

— Ton palais, Carlo, est le rendez-vous des points de fuite. Tchaïkovski, Marga, l'ancêtre Arnoult. Le monde était petit avant la Grande Guerre, l'Europe un grand hôtel ouvert à tous les possibles.

Les papiers de la malle montrent que Lorella Marga se trouvait bien au palazzo en même temps que Tchaïkovski – arrivée quelques jours avant lui, partie quelques jours après, début juillet. Le conseiller Scharnast, en revanche, arrive chambre du Matin deux ou trois semaines plus tard. Il n'a rencontré ni le compositeur, ni la chanteuse.

Marc examina les quelques documents dont nous disposions. « Le passé nous envoie des cartes postales », dit-il. Des fragments de portées musicales de Tchaïkovski, minutieuses – de l'horlogerie, même pour quelques notes. Des faux brouillons du conseiller Scharnast où celui-ci prend soin d'être lisible, alors que sa correspondance est d'habitude presque indéchiffrable, agglutinant les lettres, tassant les mots, si bien qu'on a, de prime abord, l'impression d'un message en morse, longues, brèves. L'écriture de Lorella, ferme, clairement construite, allant de l'avant. Une photographie d'elle à sa méridienne, en train de lire.

Un tube en carton contenait une dizaine de dessins et d'esquisses. L'homme aux corbeilles, Luigi, avait griffonné J.K. sur l'étiquette, initiales de Jods Klugo, le peintre balte. S'y trouvaient notamment une petite aquarelle et un crayonné colorié de déguisement féminins, avec cette précision : *bal de la Saint-Jean*. Le crayonné présente une somptueuse robe couleur cyprès, presque noire, *Pour Pallade*. En face d'elle, une ravissante robe à nuances de blanc et grande ceinture orange soulignant un déhanché, *Pour Marghetta*.

L'aquarelle représente Lorella Marga sur la plage du Lido en compagnie de Trajane. La scène est vue de haut, comme si l'artiste l'avait cadrée en prenant place dans l'une des chaises de surveillance où s'installent les maîtres-nageurs. Les deux femmes retiennent leurs grands chapeaux de paille contre le vent, qui fait aussi bouillonner leurs jupes et leurs chemisiers – tout cela variant le blanc avec encore plus de maîtrise que ne le faisait le crayonné. Elles se détachent du sable humide et de la mer qui s'étend presque jusqu'à leurs pieds. Il y a quelques taches rouges et l'impression de bleu. Cet effet de lumières, de couleurs et de vent marin impose l'instant saisi : un moment toujours vif et heureux, bien qu'à jamais perdu.

Malgré l'émotion qui m'étreignit, malgré le fait que l'aquarelle fût indéniablement l'œuvre de Jods Klugo, j'eus, à ma surprise, le sentiment de l'avoir déjà vue, signée d'un autre. Mes recherches ne donnèrent rien. J'hésitais entre une demi-douzaine de peintres, sans pouvoir en tenir aucun pour la source ou l' inspirateur. Le thème était à la mode en cette fin de siècle, voilà tout. Le coup d'œil semblait avoir recomposé la manière de ses contemporains à la façon d'un kaléidoscope.

Cette fraîcheur des images, cet art du temps et du mouvement, achevèrent de me convaincre. Il fut ainsi possible de préciser la genèse et le contexte du projet d'opéra-ballet laissé par Tchaïkovski.

Plus de trente ans ont passé depuis notre découverte. Il a fallu traduire la plupart des dossiers de la malle, les confier aux archivistes, faire des recherches. Pris par d'autres occupations – et quelques autres déconvenues – je ne m'y suis intéressé que de loin en loin. Mon frère Charles n'a guère eu plus de temps. Quant à notre aîné, Orlando, la politique l'accapare depuis toujours. Je ne pense pas que l'histoire de Tchaïkovski, de Marga ou du conseiller Scharnast éveille en lui autant d'échos.

Depuis peu, j'ai quitté les Affaires étrangères. Orlando et Charles ont insisté pour que je les rejoigne à la direction du groupe. En fin de compte, le ministère ne m'aura pas été plus heureux que le conservatoire, jadis, et pour la même raison.

La déception amoureuse m'avait fermé les portes de la musique. J'avais cru m'ouvrir un autre monde en maîtrisant les contrepoints plus embrouillés de la diplomatie. Quitté par Angélique du temps des cours d'orchestre, je ne pensais pas que l'amour et l'inexorable déconvenue me surprendraient une nouvelle fois au détour du nouveau métier auquel je me vouai sans partage. Dans ce maquis d'ambitions, de calculs et de manœuvres, je comptais jouer de ma seule intelligence sans prendre rien à cœur.

Il y eut encore l'amour, encore flanqué du dépit. Après Angélique, vint une deuxième femme. Quoi de plus cruel qu'un second amour, parjurant en quelque sorte le premier, pour en répéter l'échec. Je m'en suis plaint à mon père, sottement. Il n'était pas plus attentif, au seuil de la vieillesse, sous ses dehors de noble patriarche, qu'il ne l'avait été jadis. J'éprouvais un tel désarroi que je m'étais imaginé un père auprès de qui m'épancher. Il faut croire que je reste un enfant.

— Si tu as un accident de voiture, dit-il, c'est la faute à pas de chance, pour parler comme le concierge. Quand tu en as un second, et le même, c'est que tu ne ne sais pas conduire.

J'ai quitté la Carrière. Je ne m'y suis jamais consacré autant qu'il eût fallu. J'avais l'esprit ailleurs, toujours à guetter en toute femme l'Angélique. J'ai fait illusion, juste assez pour remporter une ombre de succès, le rang de conseiller hors classe, dont mon père disait qu'il s'agissait d'une forme supérieure de déclassement.

Des Affaires étrangères, je suis donc revenu à nos Affaires indigènes : le Consortium. Je me suis efforcé, depuis mes débuts, de m'en tenir à l'écart. Mais un Bauer n'échappe pas aux Bauer. Je m'y occupe autrement de politique, d'information et d'influence.

Travaillant sur la malle Barparoz, j'ai renoué avec l'orchestre et la vocation de ma jeunesse. Me sont aussi revenus, de façon très imprévue, certains réflexes acquis au Renseignement. Mon habitude des chancelleries, dont le style est par nature indirect, ne fut pas inutile pour distinguer le vrai du faux dans les méandres de la demeure vénitienne ; pour débrouiller cet écheveau d'espionnage et de contre-espionnage amoureux qui, sous les toits du palazzo, semblent s'être substitués aux égarements du cœur et de l'esprit.

# 2. LA FAUSSE RELATION

## 1

— J'AIME PLAIRE AUX VIEUX. Ils souffrent davantage.

Le jeune serviteur, Luigi, parle à la femme de chambre. Il vient de refermer la porte. La tenture et le bois n'étouffent pas le bruit autant qu'il le pense. Son timbre nasal passe, malgré l'isolation. L'accent narquois laisse entendre sa prétention à susciter le désir. Luigi semble certain de faire céder l'autre. Peut-être a-t-il haussé la voix pour forcer son avantage auprès du nouvel hôte russe. « Suffit de voir sa tête, c'est le modèle *chien battu en mal d'amour*. »

Piotr Ilitch suspend son geste, ferme les yeux, ne boit pas la tasse de thé. Il la repose près du plateau d'argent sur le guéridon du petit déjeuner. Le bec de la théière a la forme d'un griffon. L'orfèvre a ciselé le couvercle de rosaces et d'acanthes. Sur le ballon : la prétention des initiales : BBB.

Piotr se tourne vers la seconde porte-fenêtre, celle de droite, derrière le bureau de marqueterie. On voit le rio del Val, au matin. Son regard se perd.

Il est huit heures et quart.

Seul le témoignage de la femme de chambre nous permet de connaître la scène. Je la reconstitue en suivant de près le rapport oral qu'elle en fit à Maffi Beluséra, le fondé de pouvoir du docteur Barparoz. Celui-ci le transcrivit tel quel pour son maître.

Il faut revenir en arrière de quinze minutes. À huit heures exactes.

À huit heures, par conséquent, Luigi réveille le musicien. Il tire grand les rideaux, replie les volets intérieurs. Le soleil fait briller les ciselures d'or du bureau. La silhouette aux fines hanches, marquées par le spencer, se détache déjà sur le matin qui baigne la seconde fenêtre, ouverte à son tour. Même prestance que l'aspirant Mantelvalg-Fermor, comme lui plutôt petit mais de longues jambes.

Le domestique s'approche pour aider Piotr Ilitch à passer sa robe de chambre. Les yeux noirs, contrairement au jeune Balte. La lumière du jour souligne l'iris contre le blanc vif. *Fermor m'a suivi des yeux quand j'ai quitté le Leiner. Son sourire m'invitait. Timide, voilà : timide, mais résolu.* Les cheveux châtains de Luigi ne comptent pas de mèches blondes, contrairement à ceux du jeune officier : ils sont moins fins, plus courts, avec des reflets acajou. *Si je conquérais Fermor, la souffrance se relâcherait ; ce serait une rémission, celle que n'attendent plus les malades : le matin chasse les spectres, la vie reprend ses forces, neuve et possible. Fermor, un beau jeune homme. L'âge de Bob. Bob serait jaloux, me voudrait.* Luigi guide le bras du musicien dans les manches de la simarre. Son parfum : l'ambre marin.

Huit heures cinq. La servante dispose sur la table une collation. Luigi s'attarde à nouer la ceinture, lisse avec insistance le velours de soie contre le torse de Piotr Ilitch.

*Sortant du Leiner, Bob a salué la petite prostituée. Il ne tient donc pas tant que cela au Maure. Le Maure n'est peut-être qu'une passade lui aussi. Bob ne lui sera pas fidèle. Ne s'attachera pas. Un passe-temps. Pour lui, le Maure et la Nastenka du Leiner ne sont qu'un jeu. Néanmoins. Néanmoins, ce serait cruel si Bob n'était qu'un midinet ; ce qu'Apoukhtine nomme un midinet. Musicien, parce que la musique lui sied autant qu'une jolie cravate. Poète, parce que la poésie lui donne de beaux yeux. En réalité, juste occupé de fredaines et de sottises, cancanier, faiseur. Un cœur d'artichaut.*

Luigi s'agenouille pour ajuster les plis, effleurant les cuisses, levant ses yeux vers ceux du musicien.

*Et si le Maure est une femme ? Le plus grand danger : que le Maure soit une femme ! Aucune chance pour moi contre une femme : je suis l'oncle, un bougre de cinquante-trois ans. Cependant. Seules des vieilles s'inscrivent à la Poste aux Masques. Jeunes, elles n'ont pas besoin de se cacher dans des enveloppes surprises. Bob ne va tout de même pas s'amouracher d'une bonne femme sortie de la tombola.*

Huit heures dix. Luigi se redresse, rectifie le col de la simarre ; prétexte pour caresser les épaules de Piotr Ilitch. *Fermor se serre contre moi, me regarde de ces yeux-là : tout l'immense vieux chagrin fondrait.* La servante a terminé, attend devant la table. Luigi marche vers elle de son pas juvénile.

*Un vieux lot de tombola... Une femme de quarante ans n'a plus que l'énergie du désespoir, surtout lorsqu'elle tombe cocue dès le premier jour : le Maure ne pèse pas plus qu'une Nastenka. J'ai plus d'expérience que le Maure, un pouvoir intact. La force, l'art de contraindre. Il le faut : dompter Bob. Étendre mon emprise. Il attend que je le fasse. N'ose pas montrer qu'il attend. « Par définition, mon petit Piotr, répétait Apoukhtine, l'initiateur prend l'initiative, impose, fixe la règle. »*

Luigi, quittant la pièce, regarde une dernière fois de côté, fixant les yeux du Russe qui le fixent. La porte s'est refermée.

Piotr Ilitch reste immobile, sa tasse à la main. L'agitation commence sur le canal. Apoukhtine l'a conseillé : « Laisse Bob de côté, au moins de temps en temps. D'autres personnes seraient heureuses de te plaire. » *L'aspirant Fermor... Je plais peut-être à l'aspirant Fermor*. Sur le bureau de marqueterie se trouvent disposés du papier, de l'encre, prêts pour le travail. La servante a remplacé le cendrier plein de mégots par un cendrier propre. Luigi a changé la corbeille : une nouvelle attend, encore vide, ouvragée – presque une boîte aux lettres.

À ce moment, la voix négligente de Luigi, derrière la porte :

— J'aime plaire aux vieux. Ils souffrent davantage.

Les yeux de Piotr Ilitch s'embuent. Sa joue tremble. Les vieux souffrent davantage. Il ne pleure pas. Il a pourtant la larme facile.

Il gagne la porte, l'ouvre d'un coup sec. Crie : Luigi, faites couler le bain, puis disposez ! Je m'habillerai seul ! Va vers le miroir, fixé dans un cadre doré, opulent. S'observe : Pauvre idiot ! Murmure au reflet : Un vieux de cinquante ans n'a plus que l'énergie du désespoir. Surtout cocu dès le premier jour. Un vieux ne pèse pas plus qu'une Nastenka, mon petit Piotr. Pas plus qu'une très vilaine Nastenka.

Piotr Ilitch regarde son court collier de barbe, sa moustache non encore peignée, ses cheveux en désordre, éclaircis rabattus vers l'arrière ; des reflets blonds, quelques zones poivre et sel, le reste blanc ; son front presque chauve. Des golfes, monsieur Chékofski, disait le coiffeur parisien, des golfes ça n'est pas être chauve, ça vous fait un grand front intelligent. Non, cher friseur, ce ne sont pas des golfes sur mon front, mais une baie, la baie de la Neva ! Puis le musicien parle de nouveau. Se parle, à voix presque haute : Piotr, je te présente Piotr Ilitch Tchaïkovski, l'homme qui va rendre Bob jaloux ! Se penchant vers son image : Mantelvalg-Fermor ramperait de désir vers toi ? Casanova ! C'est ta tirelire que tu briseras, pas les cœurs. Tu n'auras rien sans payer. Et plus de von Meck pour aligner l'argent.

Il se détourne du miroir.

Cela se passe en juin 1893.

La chambre ne doit pas être si différente de celle que j'observe aujourd'hui, 10 juin 2011. Les deux matinées peuvent se ressembler.

Me voici de retour à Venise.

Mon frère Charles est à Berlin. Il m'a fait ouvrir la chambre aux Livres. J'y reprends le dossier Tchaïkovski. Depuis que nous avons descendu la malle des combles, voici près de trente ans, quelques autres papiers ont été découverts. Davantage d'éléments, aussi, sur les hôtes du palazzo, sur quelques-uns de ceux qui gravitaient alentour, invisibles mais agissants. Les lieux ressemblent à ce qu'ils étaient du temps de Basil Bartovitch Barparoz : Carlo a déniché dans l'office – un arrière-placard oublié – cette théière d'argenterie russe avec le chiffre des trois B en volutes et le bec en griffon.

Orlando, notre aîné, m'appelle tous les jours. Il serait préférable que je rejoigne Carlo ou que je regagne le siège du Consortium, moins à cause de la crise financière – les dettes souveraines, cette fois – qu'à cause des manœuvres politiques auxquelles cette crise nous contraint. La dette nous concerne peu. Mais il fallait que je m'éloigne. L'amour de Bob torturait moins Tchaïkovski lorsqu'il quittait la Russie. De même, dois-je voyager pour dénouer mes liens d'avec une femme, une nouvelle fois, cette deuxième femme à qui tout m'attache alors qu'elle ne veut s'attacher à quiconque. Sils. Je n'ai pas donné son nom, tout à l'heure. Après Angélique, Sils. Deux fois refusé. Refusé deux fois. Voilà la vie d'Arnaud Bauer...

Piotr Ilitch se sentait sous le coup d'un fatum – il usait et abusait du mot. Quatre cors, deux bassons, disait-il. Pour moi, ce pourrait être l'idée fixe, à la manière de Berlioz, la bien-aimée furtive. Les scènes changent ; le climat, les couleurs, les mouvements varient. Le thème, lui, revient, intact, à peine varié, inaccessible, quel que soit le paysage sonore ou mental dans lequel il apparaît. Après Angélique, Sils. Comme pour Angélique, je change le prénom. C'est en visitant avec elle Sils-Maria dans l'Engadine, que je compris qu'elle me serait elle aussi Furtive.

Bob Davydov est le neveu de Piotr Ilitch. Sils Martig est ma cousine ou, du moins, l'épouse d'un cousin – le Consortium, bien sûr. Il fallait non seulement que je me mette dans la situation vulgaire d'aimer une femme mariée, mais que cette femme soit une cousine. Elle venait de se fiancer à Martig lorsque je l'ai connue. J'ai compris mon sort au premier regard, mais je voulais rester fidèle à Angélique absente, au souvenir d'Angélique. Tout le monde disait à Sils de ne pas épouser un type pareil. Les années ont passé. De fat et vain, Martig est devenu lamentable. Il ne vaut rien. Sils n'en peut plus, n'en veut plus, ne se fait aucune illusion. Mais refuse de le quitter. Elle ne s'interdit pas d'autres hommes, et ne s'interdit même pas Martig – « faute de mieux mon mari, ce nul, fait encore un amant convenable, que je ne suis pas obligée d'aimer plus que les autres. Je ne serai plus à personne, Arnaud, moins encore à toi. Car toi, je t'estime. Mieux vaut l'estime, la haute estime. Tu as vu ce qu'il en est de l'amour… ». M'en voici malade. Malade de tout ce qui la concerne.

— En huit ou neuf générations, disait mon funeste père, le groupe a fait de nous une société véritablement *anonyme*. Les noms de Bauer, Drau, Olkien, Scharnast et quelques autres sont des noms vides. Ils désignent des parts plus que des personnes. Nous sommes des droits de vote.

J'ai détesté ses propos, son aigreur. Mon père n'a toujours donné que de mauvais conseils, dont le murmure persiste dans mon esprit. À chacun son Apoukhtine.

— Sais-tu qu'en botanique, on appelle consortium une association de plantes de natures différentes vivant en symbiose ? Cette symbiose a produit une forme nouvelle : la société par échéances sans terme et par actions sublimées. L'*obligation* Bauer-Drau est une obligation immatérielle, mais implacable. Le moindre écart place les indissociables cousins sous le coup d'un délit qu'Orlando nomme délit d'*incestat*, puni par les foudres que la loi, chez les autres, réserve au délit d'initié.

Lorsque je travaille sur la malle Barparoz, la douleur se tempère. La résignation me rend alors cette tendresse qui est le fond de mon amour pour Sils et peut-être de son estime pour moi. Elle me rend, pour encore quelques jours, un semblant de calme – la douce fatigue du deuil – avant de replonger dans mes Affaires indigènes Bauer-Drau.

Je reprends les papiers de Piotr Ilitch.

Je le retrouve devant le miroir où les golfes de sa chevelure le tourmentent. « Ça n'est pas être chauve, ça vous fait un grand front intelligent, monsieur Chékofski ». Je le reconduis à son bureau de la chambre aux Livres sur lequel, maintenant, je travaille. Il se tourmente en pensant à Bob. Je ne suis ni plus lucide, ni plus avisé que lui.

Le voici coiffé. Il a passé une courte veste. Élégant – à son habitude.

Les deux portes-fenêtres s'ouvrent chacune sur le balcon d'apparat. L'air circule, venu de la lagune vive. À l'angle du palais, le rio del Val s'entrebâille sur le large ou, du moins, sur l'illusion du large dont joue Venise. Les embarcations se glissent entre le palazzo Merhi et les façades de brique en vis-à-vis. Porches d'eau, arcs et loggias découpent des accolades de pierre blanche, des jours de marbres, des entrelacs de calcaire dur, des créneaux.

La chambre aux Livres tire son nom de la bibliothèque qui la sépare d'un salon voisin, réservé aux hôtes. On en a évidé les parois pour placer les rayonnages au creux des moulures, sous la protection de très fins grillages. Piotr Ilitch tire ici ou là un volume, le feuillette, le range. Choisit pour finir deux *in-octavo* en basane, en pose un sur le rebord de la cheminée, garde l'autre à la main.

Près des reliures, une porte basse permet d'accéder directement au salon des hôtes ; mais, tout de suite à droite, un couloir se glisse entre l'arrière de la boiserie et le mur de la grande salle. En empruntant le boyau, l'occupant de la chambre aux Livres peut se dispenser du salon, s'il le désire, et passer directement, sans se laisser voir, sur le palier de l'étage.

Éconduit de son service, Luigi monte la garde dans l'antichambre. Pour l'éviter, Piotr Ilitch cherche une autre issue. Il entrebâille la petite porte basse, celle des reliures. Il aperçoit la salle d'hôtes, vide à cette heure : une salle aveugle dans laquelle la lumière tombe par une verrière, du plafond. Luigi le lui avait dit : À côté de votre chambre se trouve le salon des Pùpoli. Piotr Ilitch n'avait pas demandé ce que cela signifiait, *pùpoli*.

Le soleil ne monte pas encore assez haut pour baigner le salon. Les appliques et les lampes sont éteintes. Teintant la verrière, le bleu encore léger du ciel colore la pénombre. Personne. Une dizaine de silhouettes costumées se disposent toutefois parmi les tables à nappes de velours et les fauteuils ; notamment, très proche, celle d'une femme en robe à paniers, la taille prise dans un corsage. Des mannequins sans visage : un simple ovale d'osier coiffé soit d'un chapeau, soit d'une perruque.

Piotr Ilitch recule, ferme la porte. Il passe sa main devant les yeux. Respire lentement. S'apaise.

Il découvre alors sur sa droite le passage dérobé, tapissé de petits placards du plancher au plafond. L'odeur de poudre de riz. Ouvre un battant : une penderie, peu profonde. Dans le placard suivant, des cases molletonnées pour chemises, chapeaux, lingerie.

Au bout de l'étroit corridor, à hauteur du trumeau : un losange où se découpe la lumière matinale. Cette vitre losangée donne sur le grand escalier et sur une véranda qui occupe le fond du palier. Inscrite dans le losange, on voit par l'oculus une Vénus de terre cuite au centre d'un jardin d'hiver. Piotr Ilitch l'a remarquée dès son arrivée, la veille, lorsqu'il est passé du quai dans le hall. Des plantes grimpantes et des fleurs entourent la statue. Il peut donc rejoindre le palier en évitant à la fois le salon d'hôtes et l'antichambre où veille Luigi.

Quelque chose encombre le petit passage. Apparemment, des tentures, des portemanteaux et des cintres en vrac. Piotr Ilitch tourne le gros bouton de porcelaine. L'ampoule s'allume, vissée sur un ancien bec de gaz : un filament orange puis jaune ; assez pour voir.

Face à lui, obstruant le corridor, deux mannequins de taille humaine, semblables à ceux du salon, le visage vide. Costumés, eux aussi. D'abord, une femme maigre, robe de soie vert-sapin, presque noir, long fichu cendré de dentelles retombant sur le dos et les épaules. Sa haute perruque de cheveux gris, glissée de guingois, est retenue dans sa chute par le placard. Ensuite, de biais contre la femme, un homme à la carrure avantageuse, sans doute oriental : le mannequin porte un caftan d'or rouge sans manches, à la janissaire, sur une robe tissée d'or et de noir aux gigots bouffants. Une large écharpe de drap blanc fait ceinture, nouée sur la hanche. Son bandeau de cuivre coiffé d'un bonnet blanc a chu sur le plancher.

Piotr crie. Un *a* bref, plaintif. Il laisse tomber le livre qu'il vient de choisir dans la chambre.

Quatre cors, deux bassons. La fanfare aiguë. Le vibrato forcé de la vieille comtesse von Meck, la momie octogénaire, la milliardaire. Sa voix de bois fendu, ses oripeaux de veuve, son face-à-main : Fini de rire ! Vous ici, très cher maître ? Et le cuivre éclatant du Maure, l'étalon vaniteux du Jubelzeit : Comme on se retrouve, maestro. Vous voilà ? Vraiment ? Mon ami, vous voilà ?

« Oui, quatre cors et deux bassons. Le fatum nous tire du rêve, confiait le compositeur des années auparavant à son envahissante bienfaitrice. C'est ainsi, chère Nadejda Filaretovna, que la vie alterne en permanence la réalité pénible et les rêves impossibles de bonheur. Il n'y a nul havre de paix. Notre barque navigue sur cette tempête inapaisée jusqu'à ce que celle-ci nous saisisse et nous engloutisse dans ses grandes profondeurs. »

> Le jour du départ pour Cambridge, Bobik vint tout de même me dire au revoir, écrira Tchaïkovski sur le papier d'alfa à l'en tête du palazzo Merhi. Notre conversation fut si douce que la douleur se réduisit en une vague pointe, comme si la souffrance s'effaçait. Je savais Bob tout juste sorti des bras du Maure et des baisers de la Nastenka mais, tandis qu'il me parlait, tout ce qu'il me cachait perdait de sa force. Il n'avait plus sa tenue de gigolo, ses oripeaux de prostitution. Je ne me torturais plus à l'idée du plaisir qu'il prenait sans moi, des crapuleries dont il me privait. Nos yeux se croisaient sans qu'il dérobe son regard. Cette fois, nous nous fixions longuement. C'était son timbre affectueux des bons jours ; ma voix aussi sonnait juste, alors qu'elle s'embarrasse dès qu'il m'intimide par ses dérobades.

Au moment du dernier salut, tandis que nous parlions tous en même temps et que la voix de mon frère Modest dominait le brouhaha, j'entendis Bob commencer une phrase, s'adressant à moi : « Surtout Slava, dès ton arrivée... » Il s'interrompit. L'horreur revint d'un coup, comme jamais. Bob s'était trahi. Au lieu de Piotr ou de mon diminutif Pétia, un Slava lui venait à l'esprit. Je feignis n'avoir rien entendu.

Slava. Le Maure s'appelle Slava.

Comment, jusqu'alors, n'avais-je pas pensé au soi-disant comte Viatcheslav Mestchersky ? Un habitué douteux du Jubelzeit, où tous déjà sommes douteux. Un douteux parmi les douteux. Un fat, trivial et dangereux. Je l'ai quelquefois aperçu dans l'angle du bar, vêtu d'une sorte de longue robe carmin à vastes manches, le visage perdu au fond de sa capuche, comme un moine de théâtre. On devine, sur ses yeux, un loup de feutre, couleur carmin lui aussi. Une bague à chaque doigt. Un long et fin fume-cigarette. Un voleur de poules.

Voleur de nom aussi. Ce Slava Mestchersky n'appartient pas à la grande maison Mestchersky. Comte de carton. Il s'agit d'un quelconque bâtard ou d'un amant de mon ancien condisciple à l'école de Droit, le prince Vladimir Petrovitch Mestchersky ; un vrai prince, celui-là, l'un des fondateurs du Chautemps de ma jeunesse. Vladimir Petrovitch passe tout à ses favoris, jusqu'à les loger dans son palais, leur fournir un emploi dans ses journaux, les laisser usurper son nom. Un bataillon d'éphèbes. Ses soi-disant neveux.

Slava, prétendument Mestchersky, le « neveu » du prince, le plus « neveu » des « neveux ». Ce serait, lui, le beau Maure ! Se donner à Slava Mestchersky ! Entendre cette ordure feuler à l'oreille de Bobik : Mon bel ange rieur, mon poney.

Le train quittait Pétersbourg. Je me pris à espérer que Bob, commettant son lapsus, me confondait plutôt avec un autre Viatcheslav, qui ne soit pas ce comte de tripot. J'en suis là, vois-tu ? Échafauder encore je ne sais quelle fable pour m'épargner la honte et le désespoir.

Bob, en faisant cette confusion, me disais-je, avait peut-être songé à Slava Kotek : Viatcheslav Kotek, le jeune frère de mon inoubliable Joseph Kotek, le défunt violoniste. Ce Slava-là est un garçon sans reproche à qui je suis attaché depuis longtemps, l'un des seuls vrais amis de Bob. S'il me confond avec ce Slava, le lapsus doit au contraire m'apaiser. Une amitié pure les unit. Oui, ce doit être Slava Kotek. À moins, bien sûr, qu'une Miroslava se cache derrière le Maure. Je n'aurais entendu que la fin : « ... slava ». Une vieille Miroslava de pochette-surprise, une von Meck lubrique, une momie en rut.

— Vous ici ?

La voix de Luigi : Maestro, vous ici ? Le domestique se trouve à l'entrée du corridor, entre la petite porte aux reliures et celle du salon d'hôtes. Ramassant le livre tombé à terre :

— Vous n'avez pas pris le bon chemin. Au bout du dégagement, la porte est condamnée. On a d'ailleurs mis ces deux-là devant.

Il montre les cintres costumés, qui viennent d'affoler Tchaïkovski.

— Pour descendre vers le hall, il faut passer par le salon des Pùpoli. Nous disons pùpoli pour mannequins. Les pùpoli tiennent compagnie aux hôtes et les habillent pour le bal que Basil Bartovitch, le patron, offre à la Saint-Jean, très bientôt. Au palazzo, ce ne sont pas les hôtes qui se costument, mais les costumes qui les choisissent. Vous ne vous déguiserez pas, le déguisement viendra à vous. Mieux que dans la vie : les costumes choisissent toujours ceux qui les désirent secrètement. Vous aimez le pùpolo, il vous aime.

Luigi tend sa main au Russe ; le dégage des plis de la robe verte dans laquelle ses pieds se sont pris en voulant éviter la coiffe du janissaire : Ces deux personnages restent en réserve, maestro. Ils ne sortent qu'au moment de la valse – serrant les doigts de Piotr à la façon d'un premier danseur entraînant une débutante à l'ouverture du bal ; le faisant passer tout contre lui, malgré l'étroitesse du corridor, pour le guider vers l'entrée du salon d'hôtes. Vous connaissez cela, maestro : c'est le bal, on danse, on s'amuse, on s'amuse ! Mais pas de bal sans Carabosse ou quelque mauvais génie.

Le jeune homme pose sa main sur l'interrupteur de porcelaine, pointe du doigt les mannequins : Elle, la verte, la Carabosse, c'est la comtesse Pallade, une veuve qui n'a d'ailleurs jamais eu de mari et jamais eu besoin d'en avoir pour son veuvage perpétuel. L'autre, le sorcier roux, c'est l'amiral Barbaros, son amant, commandant de toutes les galères, alchimiste des chairs fraîches, menteur de toutes les mers.

Sur ces mots, Luigi éteint. L'obscurité retombe. Les deux mannequins forment à nouveau un entrelacs confus. Piotr Ilitch, la voix mal assurée :

— Hier, vous m'aviez parlé d'un jardin calme, à l'intérieur du palais.

— Le Lanbarinto. Labyrinthe. Très agréable pour lire, en effet.

Il rend l'in-octavo à Piotr Ilitch.

— Je vous accompagne, maestro. Vous pourriez vous égarer. Certains accès vous sont interdits, afin de ne pas déranger les invités du docteur, tout comme l'accès à votre appartement leur est interdit. Notre maître garantit la tranquillité de chacun. Le palazzo Merhi pourrait être surnommé palazzo de la discrétion.

Toujours cette eau de toilette, l'ambre marin. Les hautes jambes, malgré la taille menue, les hanches perchées. Avec un sourire négligent :

— Dans nos contes la comtesse Pallade règne sur la ville. Sa richesse est immense. Venise vit à ses frais. L'amiral aussi.

Luigi et Piotr Ilitch franchissent le salon d'hôtes. Le matin commence à tirer les mannequins de l'ombre bleue ; révèle les couleurs vives des costumes. Les deux hommes arrivent sur le palier. La Vénus de terre cuite, les plantes vertes et les fleurs se découpent devant des vitrages dépolis en haut desquels s'étend un pan de soleil.

Ils descendent vers le rez-de-chaussée, désert comme d'habitude. Les salles ne se peuplent que pour Carnaval et les fêtes costumées. Se trouvent à gauche des deux hommes : le salon des Tapisseries et le Salone – la salle de bal. À droite : la grande salle à manger.

Reflets d'eau, mobilier d'or, cramoisi des velours, peintures. Les doubles voilages portent en filigrane l'aigle impériale, dans le style pétersbourgeois. On s'étonne de trouver là ces rideaux, contre la cire des tommettes ou les tapis de Chine ; lourde Russie où le verre ressemble au cristal et le cristal au verre, la pierre de couleur au stuc et le stuc au marbre, la pâte teintée aux mosaïques, et les perspectives aux trompe-l'œil.

Ils parviennent à l'entresol, au centre de la spirale de l'escalier d'honneur, qui s'évase. Dans la voix de Luigi traîne une sorte de paresse :

— Je vous recommande ce point de vue, maestro, à mi-chemin de l'escalier. Très utile si vous voulez vous promener sans croiser d'importuns. Suffit d'un coup d'œil, vous rebroussez chemin. Mais la disposition des lieux vous permet aussi de recevoir chez vous discrètement. Vous vous assurez d'ici que la voie est libre. Pour qui vous attendez.

Le domestique accentue les deux derniers mots – tout en se glissant contre la rampe de fer forgé qui fait ici un ambon. Le regard couvre la galerie d'entrée et les salles d'apparat. Toutes percées de vitres à hauteur du plafond, juste sous les pieds des deux hommes, très près. Rien n'échappe à l'observateur, en effet, lorsqu'il se tient dans la spirale, à mi-étage.

Ils franchissent maintenant le hall.

Luigi pousse la porte vitrée. Trois longues marches en demicercles. Les pas résonnent sur le dallage noir et blanc de l'antichambre. Une scène de théâtre pour enfants se trouve à droite, formant vestiaire, fermée par un rideau gris perle. Gris perle, aussi, les encadrements d'arabesques et les colonnettes.

— Un théâtre de poche, maestro. Il sert maintenant de vestiaire. Peut-être y jouait-on du temps du sénateur Merhi. On ne l'a pas utilisé depuis des années. La petite scène n'est pas pratique pour pendre les habits. Cependant le docteur insiste, chaque fois que nous recevons : « Les vêtements sont l'essence du corps, ils ont droit à leur bal pendant que nous dansons. Il leur faut un lieu digne d'eux. A-t-on jamais vu un bal dans de vulgaires placards ou sur des portants ? Nous avons notre Salone décoré par Tiepolo. Nos vêtements ont le leur avec le *picio teatro*, le petit théâtre. »

Piotr Ilitch et Luigi suivent le quai d'accueil. Celui-ci longe un passage d'eau sous la voûte en caissons qui relie le rio del Val au Lanbarinto, le jardin-patio du palais. Devant eux, ballotté par le courant, brille le vaporetto laqué noir du docteur Barparoz. La lumière, très mobile, vient à la fois du canal urbain et du jardin intérieur, où se poursuit le chenal.

— En temps normal, je vous aurais fait passer de la salle à manger dans le jardin, car le perron permet d'y descendre directement après le repas. Quelques pas et vous voici devant le parterre de fleurs. Mais la salle à manger est en travaux. On repeint les nuages du plafond. Nous empruntons donc la voûte.

Derrière les deux hommes, la grille d'entrée s'ouvre sur le rio del Val : une belle œuvre de fer forgé. On n'en repousse les battants qu'à la nuit. Devant eux, côté jardin, une grille identique – close – ferme la suite du chenal. Au soir, on l'écarte pour mener le vaporetto à son garage, au bout du Lanbarinto, dans la seconde aile du palais. Une porte secondaire découpée dans la grille permet de passer du quai au gravier.

Luigi s'efface pour faire passer le Russe :

— Vous trouverez derrière les buis une pergola, pour lire. Je vous laisse.

À voix plus basse :

— Je retourne chez moi.

Soudain, revient sur ses pas ; frappe de la main une porte bardée de clous, à mi-distance du jardin et du hall ; seule trace médiévale dans le palazzo qui, pour le reste, est de style classique. Un souvenir du bastion byzantin sur les fondations duquel le sénateur Merhi fit construire sa demeure, à la fin du XVIII$^{e}$ siècle.

— Derrière ça, vous êtes chez nous : le pays des domestiques ! Vous aimeriez : on dirait l'arrière-cage d'une scène d'opéra. Cuisines, caves, offices. Et les pilotis. Ce que les Français nomment *la charpente des dessous*. Les passerelles de service surplombent l'eau morte. Des escaliers de fer montent un peu partout. Nous habitons les cintres. Je vous guiderai volontiers dans les coulisses, maestro. Ma chambre est une vraie loge. Je suis artiste.

À nouveau son sourire, ses yeux noirs levés vers le musicien :

— Pour vous être agréable, le docteur Barparoz a placé les autres invités au bout du jardin ; là, derrière les magnolias, dans l'aile qui donne, en ville, sur la piazza Nettún. Voyez : cette galerie de loggias. Vous serez vraiment tout à fait tranquille de votre côté, rio del Val.

Luigi précise que chaque aile du bâtiment a ses issues. Ceux qui logent rio del Val, comme Piotr Ilitch, empruntent l'antichambre-théâtre par laquelle ils viennent de passer ; ceux qui logent sur le Lanbarinto disposent, à l'autre bout du palais, d'une porte sur la piazza Nettún. La dernière aile, au-dessus de la remise des vaporettos, longe la *via* dei Frati. Cette *via* n'est qu'un de ces boyaux entre hauts murs aveugles qui, à Venise, séparent les immeubles patriciens de leurs voisins.

Il remonte sa mèche.

— L'église dont vous avez déjà peut-être entendu les heures est Santa Murgana. Elle se trouve à l'angle de la via dei Frati et de la piazza Nettún. J'y pose des cierges pour mes intentions.

Fait un signe de tête à l'austro-hongroise, sec. Mais s'en va nonchalant.

Piotr Ilitch se glisse vers un bouquet de lauriers en fleurs, au sein du labyrinthe de buis, de rosiers, de massifs. Le docteur Barparoz veille à ce que l'on entretienne ici l'exubérance : un fouillis d'âges, de styles et de tempéraments. Rien n'a été retranché, ni arraché de tout ce qui fut planté jadis par le sénateur Merhi. La végétation prend, de ce fait, le même air bosselé que le sol, les murs, les commodes ou les fauteuils.

L'eau brille le long des petits sentiers : l'irrigation, prise dans le chenal qui, depuis l'entrée du palais va jusqu'à la remise aux vaporettos, en faisant un arc dans le jardin. Des terres cuites – amours, faunes – émergent çà et là de la vigne vierge ou des fleurs grimpantes. Elles marquent l'emplacement de trois ronds-points où sont, chaque fois, une table de fer et des fauteuils verts, pliants.

> Ce patio, écrit Tchaïkovski, suit le modèle barbaresque. Barbaros, Barparoz... Basil Bartovitch est un nouveau riche, comme la von Meck. Au moins, Slava Mestchersky n'est-il pas maître des lieux : il n'a pas les moyens d'un palazzo, tout juste de quoi payer la cotisation du Jubelzeit. Rien pour séduire Bob. Et l'otarie perverse, ce vieil Œdème, le dangereux Apoukhtine, meurt dans son coin. Du vilain bleu de l'autre jour, il a dû virer kaki, s'il vit encore. Là aussi, rien pour attirer Bob.

Les loggias occupent le premier étage de l'aile du Lanbarinto. Elles permettent, elles aussi, des communications discrètes d'une partie à l'autre du palazzo Merhi.

Piotr Ilitch s'installe sous un chêne vert. Un petit buste de Diane dépasse d'un laurier blanc : le sculpteur – maniériste – a représenté, dans ses cheveux, un croissant de lune qui ressemble aux cornes d'un taureau. Le Russe pose sur la table de tôle son paquet de cigarettes et l'amadou. Commence la lecture de l'*in-octavo* pris dans la bibliothèque de sa chambre : le premier volume des *Contes de Pifania Vécia*.

Ce recueil composé à Venise au début du XVII<sup>e</sup> siècle par Carlo Maria Bernoni se trouve aujourd'hui encore dans les rayonnages de ce qui est devenu ma chambre : reliure pleine peau d'un brun marbré aux armes du sénateur Bartolfo Merhi, une typographie dans le goût d'Alde le Jeune, avec une suite de gravures et culs-de-lampe. Il s'agit d'une traduction du vénitien en français faite du temps de Perrault par Mme d'Aulnoy.

Quelques oiseaux. De temps à autre, le claquement d'une cisaille. Derrière le trio d'arbres et la haie buissonnante, la silhouette d'un jardinier. Il se baisse souvent pour arracher les mauvaises herbes.

Le son des cloches.

Le visage du jardinier dépasse des volubilis. Ce jardinier, je l'imagine, ressemble au Frioulan maintenant au service de mon frère Charles, y compris le chapeau de paille pendant sur le dos. Le petit homme fait un signe au Russe, désigne la direction du bruit : « Santa Murgana. Santa Murgana d'Oltremare. » Hoche la tête, s'affaire plus loin. La rumeur du marché s'élève aussi, qui se tient ce jour-là sur la piazza Nettún. Et puis l'eau battant les parapets de l'autre côté du jardin ; le lointain ronronnement de moteurs sur le canal.

Deux femmes en blanc descendent des loggias ; leurs écharpes de mousseline dansent avec l'air autour d'elles. Un homme les suit, bombant le torse, serrant des mains les revers de sa veste. Ils passent derrière les asters et les lavandes. Les deux femmes débouchent au soleil devant la pergola. L'homme s'attarde dans l'ombre du côté de la remise aux vaporettos.

Selon ce qu'écrit Piotr Ilitch, la scène, lumineuse et comme dans le souffle du vent, évoque l'aquarelle trouvée dans la malle Barparoz où les deux amies s'avancent au soleil sur le sable, le long de la mer. La première femme en blanc, décoiffée, a les cheveux noirs noués au-dessus de la nuque, à la va-vite. Elle tient son chapeau de la main droite, à hauteur de la hanche. Les deux pans de mousseline se rejoignent au-dessus de la poitrine sur le V de la guimpe qui monte jusqu'au cou. Elle porte des bottines noires. Chez quel autre peintre – quels autres ?– ai-je déjà vu la scène ?

Un voile léger brouille le visage de la deuxième femme en blanc. Fixé dans le ruban du chapeau, il s'en déploie comme une nappe de brume. Elle l'écarte d'un geste négligent et impérieux de la main droite : on aperçoit des cheveux d'or roux. Dans sa main gauche : une ombrelle blanche, ouverte, dont la pointe frôle presque le gravier.

Piotr Ilitch écrase sa cigarette. Il se lève, cherche une contenance ; tient le dos du livre d'une main, glisse les doigts de l'autre main entre les pages. Incline la tête.

La femme brune sourit avec fraîcheur : Monsieur le Professeur ! C'est la tournure germanique, *doktor und professor*. Elle a rencontré le musicien quelques années plus tôt. Elle chantait Tatiana, l'amoureuse éperdue, dans *Eugène Onéguine* au Grand Casino Impérial et Royal de Lübach.

C'était Lorella Marga. Quelle surprise !

Je la reconnus à son sourire, à cette manière qu'elle a de se jeter dans vos bras pour peu qu'elle soit en sympathie, aussi confiante qu'un enfant. J'ai tout de suite pensé, faut-il le dire ?, à mon si cher Bobik. C'est cela : comme un enfant. Sans réfléchir, l'enfant court vers les bras tendus ; il se précipite, souvent trébuche, tombe, se blesse. *Je me jette dans tes bras. Oui : Je me jette dans tes bras.* Voilà ce qu'écrit mon neveu à cet épouvantable Maure.

Écrire cela dans la Poste aux Masques du Jubelzeit... Sans la moindre réserve. Tout entier. Alors qu'avec moi, chaque jour davantage, Bob se montre circonspect. Une sorte d'absence. Il se méfie. Son regard fuit le mien, s'égare, se perd. Il y a jusque dans sa voix une restriction mentale. Dans le même temps, il s'élance, lumineux, vers Apoukhtine ! Ou vers ce faux comte, la crapule Mestchersky-Lupanar ! Ou vers je ne sais quelle momie languide, façon von Meck ! *Il me tarde de me serrer contre toi, je t'embrasse de toute ma force.*

Mon petit Bob avait six ans quand je travaillais sur *Eugène Onéguine*. Il se lançait déjà follement dans les bras, étourdi. Un jour que sa mère – ma pauvre sœur Alexandra – me rendait visite, il a couru vers le portier de l'immeuble, l'embrassant comme du bon pain. La Tatiana d'*Onéguine*, elle aussi, se jette avec fougue dans les bras d'un misérable. Voici à peine cinq minutes qu'elle a fait connaissance d'Eugène, ce Byron de province. Et déjà, elle y court, elle rend les armes. Coup de foudre. La jeune femme sublime devient une chatte pantelante. Une midinette. Elle met toute sa finesse à n'avoir pas plus de cervelle qu'une provinciale. S'entiche du jeune pédant de Pétersbourg, tout juste entré dans le jardin de sa tante. Cette midinette c'est moi.

Dès le soir, Tatiana écrit au dandy : Je t'appartiens, je me donne à toi ; ton merveilleux regard m'enfièvre. Je t'attends, je t'attends... Et l'Onéguine se rengorge, sans rien comprendre, traite en poulette une merveille qui se livre à lui. Mestchersky ne feras pas autrement avec toi, Bob.

De toutes celles que j'ai entendues, Lorella Marga est la meilleure Tatiana. La même vivacité juvénile. Ses yeux d'or bleu ont un reflet d'argent très curieux. Elle fait tenir ses cheveux noirs d'une seule torsade, en plein mouvement. De Tatiana, elle a aussi cette manière irréfléchie de se perdre d'amour.

Elle avait pris pour dieu, du temps que je la vis à Lübach, un ingénieur badois taciturne. Elle s'abandonnait ardemment à lui, ce dont s'embarrassait l'élu. Il profitait volontiers d'une jolie femme intelligente mais pas jusqu'à rompre les amarres pour appareiller toutes voiles dehors à l'aventure dont elle l'avait élu capitaine.

L'autre femme du Lanbarinto, celle qui se trouvait avec Lorella Marga, est une certaine Trajane, plus petite qu'elle. Les cheveux blond vénitien ; de fins sourcils très foncés ; des taches de rousseur comme une truite ; les yeux verts, un nez de joli rapace. Je suppose qu'elle peut exercer un effet puissant sur certains hommes. Sa voix aiguë, trop animée, me blesse.

À peine Lorella Marga me l'avait-elle présentée qu'apparut leur compagnon, le baron Klugo. Un Germano-Balte, semble-t-il, avec peut-être aussi des origines suédoises. Elle me désigna comme le docteur Tchaïkovski.

Je vis d'abord les mains du baron, avec son allure de planteur visitant les champs de cannes où s'exténuent les esclaves. Manquait le havane. Des battoirs carrés, des poils noirs. Puis son visage : celui de Slava Mestchersky, le voleur de poules. Du moins, presque celui de Slava. Car Slava est précocement chauve tandis que Klugo garde ses cheveux gris. Klugo est également plus grand, plus fort que Slava.

Je fus pris de vertige lorsqu'il fixa les yeux sur moi. Son absence de visage. Klugo n'a pas de visage. Son visage n'est qu'un masque translucide recouvrant les traits de Slava Mestchersky. Ce masque de verre gomme certaines particularités, en souligne d'autres : la face de Slava sertie dans un double inexact, par endroits plus grossière, par endroits raffinée, minutieuse, notamment les cils ; mais ces traits de distinction, outrés, suggèrent le même vice, le même mensonge, la même veulerie maquillée de fatuité virile que l'effroyable Slava. Bob le trouve superbe, c'est certain. Comment ne voit-il pas l'imposture, le cynisme avec lequel le Maure maquille d'assurance sa médiocrité ?

Cette entrée sur scène ne vaut même pas les quatre cors et les deux bassons du Destin. Pourquoi me suis-je exagéré les deux mannequins dans le petit couloir de ma chambre ? Le Maure n'est pas digne de la terrible fanfare. Musicalement, j'ai déjà trouvé pour ce genre de Slava quelque chose de plus sale. Tu te souviens ? Voilà quatre ans, avec l'arrivée de Carabosse, dans mon ballet de *La Belle au bois dormant*. Un remue-ménage, un hachis d'orchestre, une grimace repue. Cela sied au Maure.

La petite gouape nommée Luigi, l'allumeur, m'a déjà fait songer à *La Belle*, au premier coup d'œil. C'est l'huissier de

Carabosse, bien sûr. Pas de bal sans l'arrivée d'une sorcière ou d'un mauvais génie. Ce petit Luigi a frappé les trois coups lorsque je m'égarais dans le couloir. Le rideau s'est levé, découvrant l'amiral Barbaros et la méchante fée.

Malveillante débarque dans la fête. Six rats tirent son char. Bob n'entend-il pas cette musique de rats carabossus quand Mestchersky l'enlace, quand approchent ses lèvres en virgules chinoises ?

Je te l'ai raconté, à l'époque. Le maître de ballet exigeait qu'un homme danse la sorcière. On avait enturbanné un mime ; on lui avait greffé un système de postiches, une coiffe grotesque, une bosse. Il était empaqueté de drap noir. Il dansait avec brusquerie, lourdement. Les spectateurs s'interrogeaient : qu'était donc ce personnage, mâle, femelle, animal, humain, vieux, jeune ? Je redoutais à chaque instant la catastrophe, le faux pas, la destruction subite de l'illusion : un homme jeune qui se dépêtrerait, après sa chute, des oripeaux d'une jeteuse de sorts.

Les deux femmes et le baron Klugo poursuivent leur promenade. Ils sont arrivés l'avant-veille, un peu plus tôt que le musicien. « Nous achevons le tour du propriétaire, en quelque sorte », dit Klugo. La gouvernante franc-comtoise qu'eut le Russe dans son enfance, Mlle Fanny l'aurait jugé *trop à l'aise, ce monsieur*.

Piotr Ilitch reprend sa lecture des *Contes*.

Le rire de Klugo retentit plusieurs fois, proche ou lointain, selon les détours du Lanbarinto. Il semble que les trois hôtes des loggias se soient ensuite installés dans l'autre salon de verdure. Parfois, la voix de l'une ou l'autre des deux femmes sans que l'on puisse saisir les mots ; plus régulièrement la gaieté satisfaite du baron Klugo.

Encore la cloche de Santa Murgana. Midi.

Piotr ferme le livre. Se lève, ankylosé. Allume une Sobranie, tire une bouffée. Il redresse les épaules, lance un nuage de fumée, pose la cigarette, fait quelques pas, puis se cambre pour s'étirer, les mains dans les poches, tout en contemplant le patio. Il porte un pantalon pied-de-poule, une courte veste de toile écrue, fermée par cinq boutons jusqu'à la cravate et au col dur.

Santa Murgana sonne maintenant l'angélus.

Les deux femmes en blanc et Klugo remontent dans les loggias. De là où il se trouve, Piotr Ilitch les voit. Le baron Klugo se dandine sur place, donne du menton, les mains dans les poches. Trajane, le joli rapace, s'amuse. Klugo poursuit son mime. Sa voix porte jusqu'à la tonnelle où se trouve Tchaïkovski, distincte des cloches. Une caricature d'accent russe : Je me présente, doktor Kukouski. Kuckuck ! Kuckuck ! Dindon-dindu. Imitant la pose prise par le musicien lorsqu'il s'est levé pour se dégauchir. Docteur Koku, haha, oui. Koku, le célèbre symphoniste, la pleureuse orchestrale. Le pigeon du désespoir, toujours à roucouler son chagrin. Rrou, rrou. Dès qu'il voit un petit cul. Doctor Pétia, vagit à la demande, dans tous les tons. Haha.

Piotr Ilitch se laisse tomber sur le banc. Les volubilis et les branches basses masquent les loggias. L'angélus s'achève, les cloches finissent de battre, plus lentes, échangeant d'ultimes échos. Le visage du musicien a pris un ton de cire. Il reste figé, toujours assis, la main posée sur le volume des *Contes*. Les vieux souffrent davantage.

## 2

APRÈS AVOIR DÉJEUNÉ DANS SA CHAMBRE, Piotr Ilitch s'allonge ; tente une sieste. Il s'installe de guingois, sans déranger l'assemblage de coussins dont la servante garnit le divan, une fois le lit refait. Il se trouve à l'étroit – sur le bord, presque basculé.

Le lit de velours amande a tout d'un canapé géant. Le dosseret et l'accoudoir semblent avoir poursuivi leur croissance après qu'on les eut ouvragés dans le style rococo. Ils ne rappellent que de loin leur tournure d'origine. Un paravent décoré de fleurs et d'oiseaux, masque la porte d'entrée.

Le visage de Piotr Ilitch, les yeux clos, est celui d'un homme qui a largement passé la soixantaine, dix de plus que son âge véritable ; sans doute à cause du vaste front, des cheveux blanchis, du visage sourdement anxieux, de la courte barbe taillée – blanche, elle aussi. Ses traits reçoivent la lumière indirecte de la porte-fenêtre la plus proche, celle de droite que Luigi, ce matin, a ouverte en premier. Cette fois, le domestique n'a fait que poser le repas sur une petite table. Il l'a repris une demi-heure plus tard. Après avoir glissé le plateau dans le monte-plats du palier pour le retourner à l'office, le jeune homme s'affaire dans l'antichambre et la salle de bains. Peu de bruit, mais ses pas, sa présence – souvent proche de la porte, s'y attardant, ses épaules ou son dos effleurant le bois. Le temps qu'il desserve, son parfum d'algue marine s'est répandu.

Piotr Ilitch se lève.

Il s'installe au bureau, devant la fenêtre – celui où j'écris à nouveau cette après-midi, voyant à nouveau ce qu'il voit : les rideaux de taffetas moiré sont à l'embrasse. À travers le voilage : le va-et-vient de quelques barques ; parfois un vaporetto. En face, à l'angle du rio et du canal, six pieux d'amarrage laqués brillent au soleil, peints de spirales rouges et blanches ; coiffés, chacun, d'une couronne d'or sur bleu.

Le livre que Piotr Ilitch lisait dans le patio se trouve à côté du sous-main : les *Contes de Pifania Vécia*. Il a posé deux volumes de chroniques vénitiennes du XVIII$^{e}$ siècle – *Les Fastes des Muses* – devant une porcelaine chinoise montée en lampe. Près de l'encrier en verre se trouve la photo-carte de Bob – celle du Jubelzeit. Piotr l'a extraite de la commode. Il l'y avait cachée parmi ses vêtements.

*Les Fastes des Muses*, qu'à mon tour j'ai trouvé dans la bibliothèque de la chambre, est un catalogue des fêtes vénitiennes, costumes et mises en scène. Le docteur Barparoz s'en est inspiré, pour ses mannequins et leurs tenues. Il a repris les personnages que le sénateur Merhi avait codifiés pour le carnaval de la Saint-Jean – ces pùpoli que l'on retrouve, également, dans les vingt-quatre gravures de Tiepolo.

*Les Fastes* en donnent la liste détaillée, précisant l'histoire et l'identité de chacun d'entre eux. Certains des personnages de la Saint-Jean figurent dans un conte de Pifania, *Le Sieur mort,* qui – en ce moment – retient particulièrement l'attention de Piotr Ilitch. Du temps de Basil Bartovitch, les pùpoli se trouvaient dispersés dans plusieurs salles du palazzo, dont le salon voisin de la chambre aux Livres, mais pas seulement. Ils ont disparu depuis le séjour du musicien. Carlo les a cherchés partout – combles, armoires, chambres de service désaffectées. Il n'a retrouvé qu'une demi-douzaine de formes d'osier dont les hanches montrent qu'on y passait des vêtements féminins.

*Nous n'avons pas d'instrument dans la chambre aux Livres,* avait écrit Barparoz. *Vous disposerez d'un piano dans le* Salone *Tiepolo. Il est pour vous. En dehors des réceptions toutes les salles sont vides. Vous serez seul.* Mais le compositeur, à ce moment de son travail, n'a pas besoin de piano. Il consulte alternativement les *Contes de Pifania* et les *Fastes*. Prend des notes sur un carnet qu'il vient d'inaugurer. À l'encre, sur la couverture, il a juste écrit : *Ballet*.

Ballet

Pifania Vécia. Signifie : « Épiphanie la Vieille ». À peu près la Mère l'Oye de Perrault que me lisait Mlle Fanny lorsque j'étais enfant.

Une chanson populaire dit que Pifania gardait son bébé malade et nettoyait sa chambre, tandis que Jésus naissait dans la crèche. Les trois Mages lui demandent le chemin de Bethléem où ils se rendent après avoir pris conseil chez Hérode. Elle répond qu'elle n'a pas le temps. Le cortège des Mages s'éloigne, suivant l'étoile. Les gardes d'Hérode surgissent, sur les traces des Mages. Ordre du Tétrarque : qu'on mette à mort tous les petits de moins de deux ans. Ils tuent l'enfant de Pifania, qui est ainsi le premier Saint innocent.

Pifania prend des cadeaux dans un petit sac. Elle court après les Mages dans l'espoir de supplier Jésus : obtenir un miracle, ressusciter son petit. Elle ne retrouve pas les Rois, elle erre sans but. Les gardes d'Hérode, qui la suivent pour trouver l'Enfant, se perdent aussi.

L'ange Raphaël apparaît : « Tu n'as pas voulu guider les Rois, ils t'ont punie par la mort de ton enfant. Mais tu as sauvé le Sauveur en égarant les soldats. Ton bébé ressuscitera au dernier jour du monde. Avant de le revoir tu seras la mère de tous les enfants d'Italie. »

Raphaël lui rend son balai, devenu magique. Désormais, au matin de l'Épiphanie, elle distribue des cadeaux aux garçons et aux filles.

Sous ces lignes, Piotr Ilitch trace une portée, un début de mélodie. Il a pensé mettre en musique le texte d'une chanson de Pifania. Ajoute un commentaire : *Joindre le poème italien, Modest composera les paroles russes. L'Œdème Apoukhtine ferait un bon Hérode ; une bonne grosse sorcière aussi*. Ensuite, le carnet *Ballet* a fini comme les autres dans l'indiscrète poubelle de Basil Bartovitch Barparoz.

Le compositeur ne reviendra pas sur ce projet de chanson ou de mélodrame dansé. Un autre texte l'intéresse davantage. Il note :

## BALLET

Le Sieur mort : huitième conte du premier tome. Celui que j'ai lu au jardin labyrinthe, avant de voir l'affreux Klugo.

Dans l'histoire du *Sieur mort* figurent mes voisins, les mannequins du petit corridor, qui m'ont fait si peur : le Maure Barbaros et la comtesse Pallade. Cela m'intrigue. Pallade intervient dans de nombreux contes de Pifania : elle est riche comme la mort, elle possède la ville. Barbaros paraît dans quelques autres récits, mais sans la comtesse. Leur seul véritable duo se trouve dans le conte du *Sieur mort.*

Le « Sieur mort » c'est un jeune prince : Arnaldo. L'amiral Barbaros et la momie milliardaire tournent autour de lui comme des vautours. Ils ont empoisonné Arnaldo. Le garçon gît endormi dans un palais de marbre au bord du Grand Canal. C'est un Bel au Bois Dormant. Seule une jeune fille pourra, d'un baiser, le réveiller. L'inverse de Perrault.

Arnaldo, prénom du Sieur mort. Autant dire Arnaud – mon prénom.

Quand je la découvris, cette note de Tchaïkovski fit naître en moi une vague inquiétude : celle qu'on éprouve à passer de l'autre côté du miroir, captif sous le tain de son propre reflet. À peu près ce qu'écrivait Piotr Ilitch à propos du visage de Klugo brouillé par celui, déjà flou, du faux Mestchersky comme par un masque de verre. Le visage de Klugo n'était qu'un loup posé sur celui de ce Slava dans lequel Tchaïkovski croyait reconnaître le Maure, son rival. J'eus le vertige – le même que Piotr Ilitch. Face à un porteur de masque, dans ce monde réel, il me semble voir un mort revenu, par effraction, au séjour des vivants, une créature de l'inconscient qui s'avance, obscène, dans la conscience, revêtue des traits de mes proches, des sourires de mes illusions ou des grimaces de mes peurs.

Arnaud, mon prénom, est un prénom Bauer. On trouve, dans la famille, des Arnaud ou des Arnoult une génération sur deux, en alternance avec des Marc et des Charles, si bien que certains portent un numéro d'ordre comme on le fait pour les dynasties. Certaines notices m'étiquettent Arnaud III Bauer, alors que je ne suis qu'un homme de second plan – des trois frères, le plus jeune, le vieux garçon, sans épouse ni descendance. À qui l'on prête bien sûr des bonnes amies. Et qui n'en a pas. Une sorte de Sieur mort qu'aucune femme ne vient tirer du sommeil.

Autant laisser Piotr Ilitch poursuivre :

> Oui, le Bel au Bois dormant. L'inverse de Perrault !
>
> Moi, qui me réveillera ? Me réveiller d'un sommeil sans sommeil... Un baiser de la vieille comtesse, voilà mon destin ! Être désiré par l'affreuse momie, l'acariâtre. Un homme de mon âge, vois-tu, ne peut espérer rien de plus. Pourquoi les ont-ils mis là dans le couloir, ces deux mannequins ? Le Maure et la milliardaire juste derrière le mur, tout contre ma tête quand je me couche. Je vais demander qu'on les déménage, n'importe où. Qu'ils ne soient plus ici.

De temps à autre, Piotr Ilitch lève le nez, fume, regarde.

L'après-midi s'avance. La chaleur s'affirme. La lumière passe le long des façades, frise avec minutie tout ce qui fait relief, mûrit les couleurs : vieux jaune, vieux brun, vieux rouge, quelques bleu-gris. Souligne le moindre relief de brique nue ou crépie, les arcs aigus de stuc, les balcons de bois ou de pierre d'Istrie.

Piotr Ilitch se lève. Écoute. Quelques bruits montés du rio del Val : des voix, le glissement des barques ; parfois le rythme d'un moteur plongeant dans l'eau, puis émergeant. Nul signe de présence du côté de l'antichambre. Luigi, tenace, s'est assis : guette les mouvements du Russe dans l'autre pièce, tout comme le Russe guette les siens.

Le compositeur prend son carnet ; glisse son crayon dans le porte-pointe de métal fixé sur la reliure. Regarde le portrait-carte de Bob Davydov, à côté de l'encrier. Longuement.

Une toux sèche, discrète, de l'autre côté de la porte. Luigi.

Piotr Ilitch se tourne à gauche, à droite ; fait un pas vers l'antichambre. Se retourne ; marche dans l'autre direction, vers la cheminée. S'appuie sur le marbre devant la glace.

Revient brusquement au bureau.

Il réserve d'habitude un carnet pour ses esquisses et un autre pour son Journal, quand il lui arrive d'en tenir – ce qu'il ne fait que par à-coups, souvent après des années d'écart. Cette fois, dans l'urgence, il griffonne son journal dans le carnet d'esquisses. Il commence avec une lettre formée clairement en graphie latine et non pas cyrillique : Z.

JOURNAL

Z. Beaucoup de Z. Quel homme odieux je suis.

Hargne, pas à cause de Luigi, mais hargne en général ; envers quelque chose d'indéfini qui est le Z. Pas à cause de ce qui se passa le 11 mai au Jubelzeit, pas à cause du 11 mai, de l'irréparable jour de Bob et de la Poste aux Masques. Le jour du portrait-carte. Le jour de l'espionnage. Le jour du Maure et de l'épingle d'argent. Pas seulement à cause du 11 mai. Pas à cause du portrait-carte livré par Bob au Maure : le sourire de Bob y est merveilleux ; sourire d'enfant, du fond du cœur, je me jette dans tes bras.

Mais pourquoi se confie-t-il au voleur ? Pourquoi un tel sourire à l'Ennemi ? Pourquoi Bobik se fait-il délibérément perle au pourceau ? Se déprécier pour un bellâtre, pour un néant ? Pour un triste-à-patte dirait Mlle Fanny.

Le Z. Pas seulement à cause du portrait-carte.

Dans sa correspondance, comme dans ses fragments de Journal – du moins ceux qui nous sont parvenus – Tchaïkovski n'use jamais de codes ou de passages cryptés. En dehors des feuillets griffonnés lors du séjour au palazzo Merhi, le « Z » – dans la graphie latine – n'est employé qu'une dizaine d'années plus tôt, de façon passagère, lorsque le musicien dit la sensation de mauvais assouvissement et de déchéance que provoque chez lui le jeu de cartes. Ainsi, le 4 juin 1884, confie-t-il : *Jeu. Pas eu de chance. À cause de cela mais pour surtout mille autres raisons qui constituent ce que j'appelle Z, je me sentais méchant comme un serpent. Je suis rentré chez moi sous le triste et pénible joug de ce Z.*

Ce Z évoque *zloba* et *zavist*, deux mots russes. *Zloba*, l'âpre méchanceté, la hargne ; *zavist*, la jalousie, l'envie, la rivalité.

Piotr Ilitch a vu, dans le miroir, son visage empourpré. Il s'est fait horreur. *Le sentiment Z est terriblement fort. Mon Dieu, pardonne-moi et dompte-moi. La sensation est passée complètement.* Par contraste avec sa face cramoisie ses cheveux paraissent blancs comme neige.

Il s'approche des bibliothèques, entrouvre la porte basse, examine par l'entrebâillement le salon d'hôtes où se trouvent les pùpoli sans visages, figés parmi guéridons, tables et fauteuils. Le ciel intense et la lumière d'après-midi, au-dehors, renforcent les couleurs dans la pénombre, accentuent les contours. Ici où là, glissés de la verrière des taches de soleil forment une mosaïque. Piotr Ilitch ne s'avance que de quelques pas, au seuil de la salle : les personnages se reconnaissent à leur costume, à leur taille, à leur silhouette – de la jeune fille jusqu'au barbon.

Il se remet à sa table :

BALLET

Pùpoli. Sept mannequins dans le salon.

Trois apparaissent dans le conte du Sieur mort :

— le prince endormi (Arnaldo)

— la jeune fille au baiser magique, celle qui réveillera le prince (Marghetta)

— la servante de la jeune fille (Maura, la barbaresque).

Dans mon opéra, comme dans le conte, Arnaldo est tiré de la mort par le baiser de Marghetta, mais la servante Maura trahit sa maîtresse et lui vole son amour.

Puisque je suis Arnaud-Arnaldo, la femme dont le baiser me serait magique pourrait aussi dans mes songeries se confondre à Sils. Sils-Marghetta, ma cousine qu'il me faudrait désaimer. Elle détesterait, c'est vrai, se savoir nimbée d'harmonies, de harpes, sertie dans les arpèges d'un conte. Je l'entends d'ici : « Marghetta ! Sils ! Quels surnoms... Tu te crois au temps des paladins, de l'Arioste et du Tasse ? Pourquoi pas Alcine, Clorinde, Armide,

Angélique ? Change de siècle, tu deviens d'un vieillot ! Bobik, c'est mieux. Appelle-moi Bobik… Ton ami Tchaïkovski est beaucoup moins suranné. Bobik, c'est parfait pour les vapeurs, les émois. C'est kitsch, sentimental. Un nom de gentil chien. Ce qui est ma place dans ton esprit, quoi que tu racontes. »

Je reviens à Piotr-Ilitch :

BALLET

En plus d'Arnaldo, Marghetta et Maura, quatre autres púpoli guettent dans la salle d'hôtes à côté de la chambre aux Livres. J'ai trouvé leur description dans *Les Fastes des Muses*. Ils n'interviennent pas dans le conte du Sieur mort, mais je puis les placer dans mon ballet.

Ce sont :

— les aigrefins Tenhebr, frères jumeaux. (Guglielmo, un grand maigre et un petit gros, Garbuglio).

Garbuglio aurait l'allure de l'intendant du palazzo Merhi, le petit gros Maffi Beluséra. Ce Beluséra empommade tout le monde et fricote encore plus. Chaque fois que je le croise, il me noie sous les compliments. Onctueux. Faux-jeton. Je me demande s'il n'est pas le maquereau du Luigi. Quant au grand maigre, Guglielmo, avec ses deux mètres, c'est un saxophone contrebasse.

Outre les frères Tenhebr, j'emploierai aussi :

— un jongleur (Jangalon).

— un laquais dépravé (Giglo). Pas besoin de préciser quelle petite canaille en spencer peut tenir le rôle.

D'autres mannequins se cachent certainement ailleurs dans le palazzo Merhi. Les deux plus répugnants sont dans mon corridor : la vieille Pallade et ce faquin de Barbaros.

J'ai donc rencontré presque tous les pùpoli. Il en manque tout de même un, que je voudrais mettre en scène. Un personnage important : le Marquis, un fantôme, le grand-père du prince-dormant Arnaldo.

Les contes désignent aussi ce grand-père comme le Marquis français. Demander demain à Luigi dans quelle pièce du palazzo loge ce Marquis fantôme. Je ne céderai pas à ce petit Giglo de Luigi la satisfaction de me faire souffrir. Pas à Bob, non plus. L'abandonner à son Maure, à son rat.

Quelques instants plus tard, Piotr Ilitch ajoute, toujours dans son carnet BALLET :

Le mannequin d'or.

Meilleur comme titre, pour mon ballet, plutôt que Sieur mort.

À la fin du conte, en effet, Pallade et Barbaros brûlent un mannequin doré.

Autres titres que *Mannequin d'or* ? *Bel endormi*, pas possible ; *Carnaval de Venise* existe déjà, c'est un ballet de Kreutzer. *Sieur mort*, pas pour un ballet. Personne ne paiera pour se divertir au spectacle d'un enchantement nommé *Sieur mort*.

Prévoir mieux qu'un ballet, d'ailleurs. Un ballet-pantomime. Avec airs chantés ? Avec mélodrames ?

Je prévois deux trios.

— Premier trio : Arnaldo le prince « mort », la princesse Marghetta et la mauvaise servante Maura.

— Deuxième trio : la comtesse Pallade, l'amiral Barbaros et le fantôme du Marquis.

Les deux trios forment parfois un sextuor.

Le *Triple concerto* de Beethoven propose une forme intéressante : piano, violon, violoncelle et orchestre. Mon *Mannequin d'or* : concerto grosso à la manière de Venise. Un ballet pour double trio et orchestre. Serait même un sextuple concerto. Drame fantastique pour six solistes (instruments, danseurs, chanteurs) et orchestre.

Comme dans tout concerto grosso, le petit ensemble mène le jeu, le grand ensemble lui répond. Le petit ensemble se compose d'Arnaldo, Marghetta et Maura. Le grand ensemble est celui de Pallade, la morte milliardaire, avec l'amiral Barbaros, premier violon.

Un spectacle de chant, de machines et de danses, utilisant quelques citations des maîtres vénitiens d'antan. Stradella, Traetta.

Concerto pour mannequins et Venise.

Puis, vite, d'une écriture très peu soignée :

*Pallade*. La vieille est tyranniquement riche. On croirait un palais de bois moisi qui tient debout parce qu'on y coule sans cesse du ciment.

Un reliquaire. Pour Pallade, ce ciment c'est l'or. Elle coule de l'or dans la splendeur vermoulue. Ses miroirs sont d'argent, ses vitres de cristal rare, ses stucs : des titres de bourse réduits en papier mâché par ses gencives de pierre.

Mlle Fanny chantait : « Il était une dame Tartine, dans son beau palais de beurre frais, les murailles étaient de praline ». Basil Bartovitch Barparoz, ce faux frère, chante : « Il était la momie Pallade, dans son corset de francs or, ses robes étaient faites d'actions, ses bas cousus d'obligations. » Elle n'est pas la grand-mère d'Arnaldo. C'est une marâtre. Elle a évincé la grand-mère véritable après avoir obtenu du Marquis fantôme, son amant, un arcane. L'arcane de Pluton, le secret de la Mort : la clé de la fortune.

Arnaldo perd sa mère et sa grand-mère – sa vraie grand-mère – à cause du choléra de Venise. Il a quatorze ans quand ses parents meurent. J'avais quatorze ans quand maman est morte du choléra, le 13 juin 1854, sans que je puisse la revoir. J'étais à l'école de Droit. On n'a pas voulu me la montrer.

Pallade usurpe la place des mortes.

L'écriture s'apaise pour les deux autres notes, qui suivent. Piotr écrit d'abord :

*Obligations.* Pallade soumet Arnaldo aux obligations. Le jeune prince orphelin vit dans l'obligation. Arnaldo n'existe que pour honorer les obligations de Pallade. Doit se marier par obligation, avec une femme obligée : l'union produira des obligataires, grâce auxquels Dame Pallade aura des obligés. Les onze enfants de la von Meck se sont tous acharnés à me discréditer auprès d'elle, à faire supprimer la rente qu'elle me versait. Ils craignaient pour leur héritage.

*Pourquoi le Sieur dort.* Aucun palais n'est enchanté. Au contraire, les palais sont maudits. Le palais de la von Meck est un carcan. Elle s'est transformée en palais pour m'enfermer dans son or. Les miroirs sont Dame Pallade, les murs sont Dame Pallade, les planchers sont Dame Pallade, les lits... Arnaldo n'a pas d'autre choix : le sommeil, dormir. Il dort. Il est le fœtus de la veuve. Il dort dans le palais. Attend celle qui l'éveillera.

La Belle au Bois Dormant se pique en filant, s'endort. Arnaldo se pique aux montures d'une bague. Pallade lui a choisi une fiancée, un ectoplasme, une jeune fille sèche, une palladine, une future veuve. « Tiens, dit Pallade, donne-lui cette bague. C'est ta fiancée, donne-lui cette bague. » Arnaldo passe la bague de fiançailles au doigt de la palladine, un doigt noueux comme une brindille. Il se pique à la monture. Le maléfice agit. Il s'endort.

« *Il m'a été mis une écharde dans la chair* » (lettre de Paul aux Corinthiens). Le Z.

Comme la Belle au Bois, comme Arnaldo. La momie me conduit vers l'écharde. Pallade guide la main d'Arnaldo vers la griffe ou s'insère le diamant. L'écharde me blesse le cœur. Le Z. Un affreux sommeil m'engourdit. Bob rit, éblouit, s'amuse, se jette dans les bras du Maure, lui donne du plaisir. Moi, je gis dans la ville défunte, dans la lagune morte.

L'angle change par rapport au soleil. Les fenêtres d'en face brillent un peu partout : un damier de reflets sur les façades. Au sommet des maisons patriciennes, des cheminées en désordre forment des groupes de hobereaux dépenaillés. Les éclats se reflètent sur le voilage, que Piotr Ilitch finit par tirer pour qu'entre davantage de lumière : ils rebondissent sur l'encrier, sur le lustre au plafond, ricochent jusqu'au miroir.

Piotr écrase sa cigarette, revient au bureau :

BALLET

Argument du *Mannequin d'or*.

Le rideau se lève après le sommeil d'Arnaldo. Quand le spectacle commence, il est déjà le Sieur mort. Piqué par la bague de fiançailles, il dort dans son palais. La nouvelle court dans toute la Vénétie qu'un prince endormi attend le baiser magique. Qu'il s'est piqué lors des fiançailles. Tout le palais dort avec lui. Seule une princesse charmante l'éveillera.

Mais Pallade n'est pas morte, Barbaros non plus.

Les púpoli ne vieillissent pas, ne meurent pas. Pallade et Barbaros attendent la jeune fille qui prétend sauver Arnaldo. Ils veulent l'empêcher d'éveiller me jeune homme. Ils sont là dans le corridor. Juste contre ma tête.

Piotr pose son porte-plume.

Un rapport de Luigi signale qu'il chantonnait souvent quelques phrases en français. Luigi n'en comprenait que les mots *comtesse* et *marquis* : *contessa, marchese.*

Les papiers vénitiens de Tchaïkovski mentionnent deux fois son opéra *La Dame de pique*. Il l'avait composé trois ans plus tôt à Florence, au printemps. « Florence me fut heureuse, Venise me le sera peut-être, écrit-il dans une carte – non postée – à son amie la pianiste Sophie Menter, qui l'accueillit dans sa maison d'Itter, au Tyrol, la semaine suivant le séjour à Venise. « Je travaille dans un palazzo à un opéra-ballet d'un nouveau genre où la Dame de Pique frappe encore, la vieille milliardaire. »

Les mots *comtesse* et *marquis* sont prononcés en français dans un passage essentiel de *La Dame de Pique*. Ils ponctuent le deuxième acte, quand apparaît le personnage que l'œuvre désigne simplement comme « la Comtesse ». Nous sommes à la fin du XVIII^e^ siècle. La vieille femme regagne sa chambre, tard dans la nuit. Elle fut jadis à la cour de France la « Vénus moscovite ». Seule, se préparant au coucher, la vieille comtesse ne pressent pas qu'elle va, dans quelques instants, mourir – assassinée.

Elle se souvient de sa jeunesse galante, chante en français :

> *— Et qui dansait avec moi ? Qui chantait ?*
> *Le duc d'Orléans, le duc d'Ayen,*
> *Le duc de Coigny... La comtesse d'Estrades,*
> *Le marquis de Saint-Arnaud...*

Tout en fredonnant, Piotr se met debout devant son bureau, avec précaution. Il lève sa chaise tandis qu'il se redresse. Ainsi les deux pieds avant, qui sont sur le parquet, ne râclent-ils pas les lattes.

Il pose la chaise derrière lui, sur le tapis.

> *— La comtesse d'Estrades...*
> *... la marquise de Pompadour, en personne...*
> *Qui dansait ?... Qui chantait ?...*

Il écoute. Rien du côté de Luigi.

Sans provoquer le moindre grincement, il gagne la porte du salon d'hôtes. Piotr Ilitch déjoue la surveillance du garçon qui guette à l'autre porte de la chambre.

Piotr se glisse sous la verrière, parmi les mannequins, les fauteuils, les petites tables rondes. Il est maintenant sur le palier devant la vaste spirale d'où descendent les marches. Le soleil nimbe le vitrage dépoli de la véranda ; accentue la profusion des plantes vertes et des fleurs autour de la Vénus en terre cuite.

À gauche, sur le palier, une porte fait face à celle de son appartement. Cette porte mène à la suite personnelle du docteur

Barparoz : quatre pièces dont les balcons donnent sur le jardin du Lanbarinto. Porte verrouillée.

De la gauche, également, mais par le vitrage, viennent le son d'un piano et la voix de Lorella Marga, qui répète. Voix lointaine, étouffée. On ne comprend pas les paroles. On reconnaît les inflexions, la mélodie. C'est l'air de Tatiana. Elle écrit sa lettre d'amour à Eugène Onéguine, l'élégant inconnu avec qui, pourtant, elle n'a fait qu'échanger quelques mots dans le jardin. Mais elle en est certaine : Onéguine est l'homme de sa vie. Elle lui déclare toute sa passion, ses espérances, ses rêves. Un homme à peine entraperçu. « Je me jette dans tes bras ». Bobik, lui aussi, comme Tatiana. Dans les bras d'un inconnu, d'une inconnue.

« Qui es-tu ? chante Tatiana. L'ange gardien que j'attendais ? Ou bien mon séducteur ? Oh, même si tu me déçois, la déception sera délicieuse comme l'est ta séduction... »

Lorella Marga chante dans un salon de musique, à l'extrémité des loggias. Ce salon, dont elle a ouvert la fenêtre, fait angle sur une courette avec la véranda et l'aile du rio.

Voici Piotr Ilitch à l'entresol, au cœur de la spirale.

« Ce point de vue est utile, maestro, si vous voulez vous promener sans croiser d'importuns. Suffit d'un coup d'œil, vous rebroussez chemin. » Luigi a raison. On voit tout d'ici. À gauche : le salon des Tapisseries et la salle de bal, le Salone Tiepolo. À droite, la grande salle à manger, toujours en travaux, dont on repeint le ciel. L'après-midi enrichit les tentures, mûrit les reflets. Manifestement, il n'y a personne.

Piotr Ilitch va vers la droite : la salle à manger. Il cherche toujours le púpolo manquant, le Marquis français, le grand-père fantôme du prince Arnaldo. Peut-être a-t-on profité des travaux pour y entreposer du matériel sous les bâches, des accessoires – des púpoli – pour le bal du samedi. Le bal de la Saint-Jean. Durant le chantier, les portes vitrées sont badigeonnées au lait de chaux.

Piotr chantonne encore :

*— Qui dansait avec moi ? Qui chantait ?*
*... La comtesse d'Estrades...*
*... le marquis de Saint-Arnaud...*

Dès qu'il entre dans la pièce, il lève les yeux. Un petit quart de la surface du faux ciel reste à finir. Ce sera un ciel d'aurore ou d'approche légère de la nuit : bleu léger, vapeurs qui bouillonnent, touches de reflets roses. La moulure d'oves et rosaces bordant le plafond est d'un strict classicisme tout comme les fausses colonnes décorant les murs, encadrant des panneaux. À l'intérieur de ceux-ci : des bas-reliefs bâchés. Dans des niches : des bustes à la romaine, également sous draps. En face, trois fenêtres donnent sur le Lanbarinto, le jardin-patio, elles aussi passées au blanc – dont une porte-fenêtre qui s'ouvre directement sur un perron. On descend par là vers les buis et les fleurs.

La table, les dessertes, les autres meubles ont été regroupés au centre de la salle à manger. Piotr Ilitch soulève les bâches : pas de pùpoli.

À droite, contre le plus important bas-relief, une porte.

Piotr Ilitch entrouvre : un vaste office, inemployé durant les travaux : buffets, vaisseliers, tables. Les cuisines sont en sous-sol. Le volet du monte-plats, resté ouvert, laisse voir la double corde de traction. Aucune silhouette d'osier.

Un bruit, derrière, venu de l'autre bout de la salle à manger. Une autre porte, entrouverte, symétrique de celle de l'office, du côté de la voûte d'entrée et du chenal.

Piotr traverse la salle, entrebâille cette autre porte ; regarde par l'interstice. On devine une petite pièce, une fenêtre donnant sur le jardin, de nombreux rayonnages. Une silhouette s'active, qui, pour l'instant, lui tourne le dos. Ce n'est pas Luigi, mais le joli rapace, Trajane – vue ce matin en compagnie de Marga et du baron Klugo. Perchée sur le dernier degré d'une petite échelle de bois, elle fouille la plus haute case d'un meuble de poste. Elle tend les bras : cela découvre ses bottines blanches, lacées, et jusqu'au mollet ses bas de résille également blancs. Vient ensuite la frange de sa robe.

Piotr Ilitch recule de quelques pas.

Par-delà le Lanbarinto, la cloche de Santa Murgana sonne le premier quart de six heures. Piotr Ilitch se râcle la gorge, tousse, fait sonner le fer de ses semelles sur le carrelage. Faire comprendre à Trajane que quelqu'un s'approche. Quand il ouvre plus largement la porte, la femme aux cheveux d'or roux le regarde avec impertinence ; écarquille les yeux, les sourcils en ∩ : Surprenant, pas vrai ? Elle s'amuse : Il n'y a pas d'âge pour voler les confitures ; même des confitures de papier. Toujours perchée, elle montre la pièce : Regardez, Piotr Ilitch, un vrai bureau de poste !

La pièce est une loge qui donne sur la salle à manger et par un autre accès, masqué par une tenture, sur l'entrée de service, là où se trouve la grosse porte byzantine. Des casiers de bas en haut des murs. Une table, au centre, avec deux chaises : là se fait le tri du courrier.

Trajane descend de la petite échelle :

— J'ai toujours aimé le courrier. Petite, je me voyais receveuse. Mettre des coups de tampon, envoyer des télégrammes, des pneumatiques. Quelle chance il a, ce docteur Barparoz : une poste, rien que pour lui ! Je pourrais y passer la journée. Tout en chêne... Bien ciré, quelle merveille !

Elle tient une lettre à la main ; de cette main, désigne le bureau du courrier – général présentant à l'état-major la carte du champ de bataille. La lettre quitte la direction des casiers que Trajane fouillait et s'arrête comme la pointe d'une flèche, à angle droit ; indique le mur qui sépare la salle à manger de la petite poste. Un autre casier de chêne s'élève du plancher au plafond près de Piotr Ilitch.

Sur les deux premiers tiers – du sol jusqu'à hauteur du visage – des tiroirs-boîtes, vernis, glissés dans les rayons. Les boîtes sont bloquées par des barres de fer pivotantes plates, peintes en noir. Un cadenas de cuivre verrouille la partie libre dans les montants verticaux. Les montants horizontaux portent, au-dessus de chacun de ces tiroirs-boîtes, une plaque d'émail. Celle-ci indique chacune des pièces du palazzo : chambre Lilas, chambre aux Oiseaux, salle de bain Jade, salon aux Bustes...

Sur le dernier tiers du meuble – du visage de Tchaïkovski jusqu'au plafond – s'alignent à nouveau des cases ouvertes. Les plaques, cette fois, ne donnent que le nom des appartements. À la suite Sardane, occupée par le peintre Klugo, trois enveloppes ont été déposées ; une enveloppe à la suite Forlane, occupée par Lorella Marga ; aucune pour les autres suites.

Le *bel oiseau de proie* s'évente avec la lettre qu'elle tient en main.

— Dans mon armoire à confitures se trouve le courrier départ. J'y ai pris cet envoi de mon amie Lorella, qui s'exerce en ce moment à votre Tatiana. J'aime savoir ce qu'elle écrit. Là-haut, sont les arrivées : un pli pour Lorella ; rien pour vous, monsieur le Professeur. Mais ce sont les lettres expédiées qui m'intéressent, pas les arrivées. Je veux savoir ce qu'écrit Lorella. Ce que racontent ses correspondants m'intéresse peu.

Marquant une pause :

— Il y a tout de même des tiroirs là. Ces gros tiroirs carrés. Voyez : barres de fer, serrures. Que renferment-ils ? Des colis ? Je demanderai au petit larbin en spencer, le Luigi aux jolies fesses.

Trajane s'installe à la table du tri, prend un flacon et de l'ouate, allume une mèche, y chauffe une lame, détache le cachet de cire ; puis tamponne les bords du rabat. Elle ouvre l'enveloppe prise au casier Départs :

— Lorella s'adresse à l'un de ses admirateurs, Paliash. Un Géorgien, un Monsieur Departout, spécialiste des secondes zones. Aux dernières nouvelles, il vivait en Crimée ou dans le Banat ou peut-être en Dalmatie. Partout et nulle part. *Dapertutto, nessun luogo.* Un admirateur de Lorella. Un de ces parasites dont elle a le don de s'éprendre. Le monde est à ses pieds, mais Madame choisit toujours les impratiques. Ce Paliash-là prend plaisir à la faire rissoler, insolences et mesquineries. Avoir un grand cœur, ne l'accorder qu'aux petits-maîtres... A-t-on idée, n'est-ce pas ?

Elle prend Piotr à témoin, en remuant la lettre.

— Lorsque je l'ai connue, elle venait de se jeter dans les bras d'un ingénieur badois très banal qui n'en demandait pas tant. Elle se le rêvait sublime ? Contre toute évidence, il fallait donc qu'il soit sublime. Le Badois en était comme submergé. Il n'attendait qu'une chose : qu'elle parte en tournée. Souffler, reprendre ses esprits. Cinq jours de Lorella toutes les six semaines lui suffisaient. À la fin, il s'est marié en douce. Lorella, qui a trop lu Goethe, se surpassa. Elle se mit en tête d'en jouer une version badoise : elle serait un Werther féminin. L'ingénieur serait Charlotte, version homme, allons pour Charles. Et Mme Badoise, l'épouse, jouerait le rôle d'Albert. Imaginez le triangle : Werthère, amante éperdue de l'inaccessible M. Charles, tout apeuré, sous le regard hostile de Mme Charles, née Albert. Fiasco, mais je pense que Lorella rend encore visite à son Badois en pantoufles, de temps à autre. En cachette de Mme Badois. Et de moi, car elle sait ce que j'en pense.

Trajane roule l'enveloppe en cylindre, la place sous son menton, à la manière du postiche des pharaons. Lève les yeux vers le haut, comme pour réfléchir.

— Après avoir pris des petits-bourgeois pour des paladins, voici donc qu'elle s'éprend de ce Paliash, marchand d'armes déclassées. Il revend vieux fusils et vieux canons aux principautés d'opérette, maharadjahs et chefs de tribus. Elle lui prête, bien sûr, l'art d'un Clausewitz. Maestro, elle a trop chanté votre Tatiana qui prend un dandy de province pour Lord Byron.

Tchaïkovski fait une mimique, il n'y est pour rien.

— Pourquoi le relance-t-elle ? Vous connaissez l'opéra *Carmen* de mon cher Bizet : « Si tu ne m'aimes pas, je t'aime. Si je t'aime, prends garde à toi ». Eh bien, chez Lorella, l'autre n'a rien à craindre. C'est à elle seule que Lorella devrait prendre garde. Paliash ne l'aime pas, bien sûr. Il veut seulement user d'elle. Lorella est libre, Lorella est reçue partout, Lorella peut lui ouvrir les portes. En plus, ce qui ne gâche rien, quand Lorella se croit amoureuse, elle se dévoue corps et âme *à l'objet aimé.* Doctrine de Paliash : Tant qu'à user d'une femme, autant qu'elle soit belle, intelligente et plaisante au lit.

La voix de Trajane, jusqu'alors flûtée, se loge dans l'aigu. Piotr Ilitch trouve cela désagréable. Il se contraint tant à la politesse qu'il ose juste effleurer d'une main son oreille droite pour se protéger.

Trajane, moqueuse :

— Oui, Lorella, tu as toujours plusieurs hommes au feu. Si tu les tisonnes, ma chérie, c'est parce que leurs flammes baissent.

Le soir, Piotr Ilitch écrit sur une feuille volante, aussitôt froissée :

> « Cette nymphomane vrillait comme seules vrillent les femmes. Pourquoi le Ciel me place-t-il sur le chemin des nymphomanes ? La von Meck était nymphomane, c'est sûr. Quand je ne suis pas livré aux satyres séniles, c'est aux nymphomanes sur le retour. Les Trajanes vibrionnent dans le salon de la veuve von Meck, l'impératrice du goldmark, la tricoteuse de roubles. Je sais ce qu'elles racontent sur moi, sur mes *particularités*. Ça les émoustille, ces vieilles Parques. Elles veulent savoir qui sont

mes chéris. Ne doivent jamais savoir, jamais profaner mon amour ».

Ajoute, en marge :

> « Quitter les Apoukhtine, les vieux garçons, les vieilles filles, les bavardages hystériques, ruts de têtes d'aiguille, micmacs. Me quitter moi-même. Tu n'es, Piotr, qu'une pucelle d'Orléans quinquagénaire. Le Z. Ne jamais bêler comme elles mes désirs périmés, barbouillés du nom d'amour. Le Z. Seigneur, sauve-moi l'eau m'arrive à la gorge. Le bourbier sans fond, rien pour me retenir. »

Trajane ne devine pas cette panique du musicien. Elle poursuit :

— La Marga sera bien attrapée lorsque ses tisons charbonneront tous ensemble. Mais je lui ai trouvé un dompteur d'amoureuses : le baron Klugo. Il attire les femmes par sa peinture comme par un miroir. Mieux qu'un reflet : il leur renvoie leurs songes. Mieux que leur visage : il leur fait voir leur énigme. Klugo n'a qu'à choisir : les femmes sont nombreuses à se mettre sur les rangs. Il lance son lasso, capture la plus rétive. Sans faiblir, finit par la dresser. Quand je vois Klugo triompher, désir contre désir, j'en ai le frisson. Son secret : celui du diable. Klugo est le grand eunuque du sérail. Autant le dire, il règne par l'impuissance.

De nouveau son rire aigu.

— Malheureusement, le peintre se pique d'être poète. Mysticisme de prétention. Il a sa thèse : l'art de l'icône pour le siècle des locomotives. Il aime à dire : « Le visible devant moi, c'est son âme que je veux peindre ». Joli. Sans le moindre sens. Son œil pense d'une manière admirable. Sa pensée décrit sa peinture tout de travers. Encore Goethe, n'est-ce pas ? C'est un trait d'époque. De *Werther*, Lorella n'a gardé que le mélodrame, diagonal. Du *Divan occidental-oriental*, que Goethe n'aurait dû nommer que le *Divan*, Klugo préfère l'horizontal. Ils sont faits pour se rencontrer. Un peu d'horizontal fera du bien à ma meilleure amie.

Trajane continue, exagérant la gourmandise :

— Lorella et moi ne faisons qu'une. Nous ne devons faire qu'une ; mieux que des sœurs jumelles. Les hommes c'est secondaire : les hommes sont l'hygiène des femmes, rien de plus. Je vous choque ?

Piotr Ilitch, sans répondre, les mains derrière le dos, examine le plafond puis l'ensemble de la pièce. Plus tard, l'un de ses disciples, un long compositeur maigre, aux mains de virtuose, confiera de sa voix monotone : « Toute sa vie, Piotr Ilitch a marché comme en chaussons, l'air candidement maladroit, aimable avec tout le monde. Il ne voulait pas froisser, ni provoquer la dispute. Charmer autant que possible. »

— Monsieur le Professeur, poursuit Trajane, il m'importe de savoir ce que Lorella raconte à Paliash. Voici la deuxième lettre qu'elle lui envoie.

Trajane parcourt la lettre. Piotr Ilitch regarde Trajane. Elle sait qu'il la regarde. Elle joue de son sourire impertinent.

Le soir, Piotr Ilitch écrit encore :

JOURNAL

Il ne fallait pas entrer dans cette poste Barparoz. C'est un lieu terrible. Comme la Poste aux Masques du Jubelzeit. Au Jubelzeit, s'il n'y avait pas eu le portrait-carte, cette photographie qui n'était à personne d'autre qu'à Bob et à moi, je n'aurais pas lu.

Non, j'aurais lu tout de même. À cause du sentiment Z.

Ces mots : *Je me jette dans tes bras*. Ivresse noire. *Ma pouliche. Mon pur-sang.* Il ne faut pas ouvrir les cartes de Bob et du Maure abject. Je les ouvre. Les mains moites, le front moite, sale, fraudeur. Le plaisir vite pris, mal pris, pendant l'entracte, derrière le décor alors qu'il y a du monde, qu'il ne faudrait pas.

Z. Devant le cinquième cognac, savoir qu'il ne faut pas. En rester à quatre verres. Boire le cinquième tout de même. La main tremble en posant la carte, la main sait qu'on ne doit pas miser une fois de trop. Je mise, je joue, je perds : c'est la mauvaise carte, le jouir mauvais. Aie pitié de moi : les eaux me sont entrées jusqu'à l'âme ; j'enfonce dans la bourbe et rien qui tienne. Tire-moi du marais. Aie pitié de moi.

Trajane lève la tête : Bon. Rien de particulier dans la lettre de Lorella à son Paliash. Elle se le ménage au cas où, mais ne fait pas de zèle.

Le joli rapace recolle l'enveloppe avec un pinceau, réchauffe la cire pour rétablir le scellé. Poursuit :

— Lorella lui parle de Venise sans parler de Klugo. Paliash croira qu'elle est ici seule avec moi. Ma présence suffira-t-elle à l'irriter, ce Géorgien ? Il déteste que je sois par là. Les tricheurs ne supportent pas d'être vus de dos.

Elle remonte sur l'échelle, repose la lettre de Marga dans les cases Départs :

— Pour éliminer le Géorgien, je dois le faire venir ici. Klugo et moi sommes plus forts que lui. Klugo attire Lorella par la peinture. Comment Lorella, toujours en quête du secret de son âme, résisterait-elle à la magie d'enfin tourner la clé dans la serrure ? Et moi...

Elle tire de son corsage une épingle à tête de diamant qu'elle fait scintiller à la lumière de la fenêtre.

— Moi, j'ai mon épingle.

Resté au centre de la pièce, près de la table, Piotr Ilitch fixe de ses yeux l'éclat de métal. « L'épingle du portrait-carte, l'épingle du Maure, écrira-t-il. Non, l'épingle du Maure s'ornait d'une fausse perle. Celle de la Trajane porte un diamant, un faux. Un brillant. L'épingle de Carabosse. Toujours, partout l'épingle. Tu peux fuir aux quatre coins du monde, l'épingle est là. La vieille t'attend. Il y a toujours un moment pour que l'épingle pique la pulpe du doigt. L'épingle, au bout de laquelle se trouve le destin de la belle. Quatre cors, deux bassons. Le Destin. Ce Russe a la manie du Destin, disait de moi le Français du Café de la Paix. Vulgaire et fatidique, fatidique parce que vulgaire ».

Trajane, toujours sur l'échelle, contemple l'épingle. Ses bottines montent le long de la cheville, puis ce sont les bas, la naissance du mollet.

— Je ne saurais composer de la musique, cher maître. J'écris pour le théâtre. Je ne m'y connais qu'en paroles et personnages. Je me rêve parfois organiste, tenir ensemble à moi seule, sous ma volonté, toutes les voix, de tout mon corps. Deux mains, deux pieds, cinq claviers, un pédalier, une centaine de jeux, encore plus de couleurs. À défaut d'être musicienne, cependant, je sais filer, tisser, entretisser ma tapisserie, comme les Parques ou les Nornes.

La tête d'épingle brille entre ses doigts.

> « À chaque bout de la toile se trouve une araignée, écrit encore Piotr Ilitch. L'araignée Klugo, l'araignée Paliash. Lorella, le beau papillon se prend dans leurs fils. Le combat des araignées autour du papillon. Ainsi de Bobik, du Maure, de moi. Lui, Bobik, le papillon. Nous deux, en quête de proie. Le Maure, le maudit Maure qui m'a réduit à cela, moi ; réduit en répugnante araignée ; moi, me battant avec l'affreuse araignée maure, à barbe rousse. J'en suis là, Piotr, la vieille araignée chauve et blanche. *Des golfes ça n'est pas être chauve, M. Chékofski, ça vous fait un grand front intelligent...* Pour finir, la mante, la répugnante Trajane tachetée, prendra le vainqueur entre ses pattes et le videra de sa substance. Mante religieuse ou veuve noire, la von Meck gagne toujours. Elle sait où attaquer. La mante dévore en commençant par le cerveau, par le grand front intelligent. Cessez vos compliments, monsieur le friseur. La veuve ploutocrate aspire toute mon œuvre à coups de ducats d'or pour en nourrir sa vanité ».

Piotr Ilitch, cette fois, aide Trajane à descendre.

La jeune femme saute de l'avant-dernière marche sur le sol, esquissant avec ses bottines un pas de danse. Puis tire de son justaucorps une nouvelle enveloppe :

— Maintenant, une lettre de moi. Je l'envoie au conseiller titulaire, comte de Scharnast. Vous le connaissez ?

Trajane se sert de la lettre comme d'un éventail. Elle l'agite sous le nez de Piotr Ilitch comme s'il s'agissait d'une devinette

— Je n'ai pas l'honneur de connaître M. le conseiller-comte.

— Il m'a été présenté à Hambourg, l'an dernier, par votre ami le prince Mestchersky. Le prince s'intéresse aux œuvres de Klugo. Nous nous sommes rencontrés plusieurs fois aux Salons. Il était flanqué de ce charmant jeune journaliste Ivan Manouilov, le *neveu* du moment. Votre ami, le prince, voulait surtout vanter au conseiller Scharnast les talents de ce *merveilleux Ivan*. Comme je me trouvais là, j'ai fait partie de la conversation. Le prince offrait un souper pour la dernière représentation d'*Onéguine*, votre opéra. Magnifique soirée. J'espérais vous y voir. Mais vous étiez reparti, cher maestro, le lendemain de la première. Lorella ne se sentait pas bien, malgré son triomphe. Elle a préféré se reposer à l'hôtel. Me voilà donc sans vous et sans votre Tatiana. Le conseiller Scharnast parlait de vous avec chaleur. Je l'ai cru de vos proches : vous êtes si souvent, comme lui, à Paris, Vienne, Rome... Mais que je suis sotte !

Elle glisse la lettre aux Départs.

— Bien sûr, le conseiller Scharnast vous connaît par Lorella, son amie de cœur, et non par Mestchersky ! Tout ce qui vous concerne passionne Lorella. Je suis sûre que ce Scharnast tient d'elle bien des choses à votre propos. Je le crois amoureux de Lorella, évidemment. Je le crois si bien que j'en suis certaine. Il voyage beaucoup à travers l'Europe, comme elle. Pas pour les mêmes motifs. Il connaît les journaux, les milieux d'artistes, les écrivains. Il serait une sorte d'espion, m'a dit le charmant Ivan. Il surveille l'anarchie, de Florence à Moscou, de Budapest à

Londres. Peut-être en profite-t-il pour espionner aussi sa chérie, sa Lorella, car il est jaloux. Encore un ! D'autant plus jaloux que l'affaire est platonique. Vous le savez : moins on obtient, plus on désire, plus on jalouse. Voilà pourquoi j'envoie cette lettre à M. le conseiller Scharnast. Qu'il s'intéresse un peu à Venise... Lorella chante dans quelques jours à la Fenice le nouvel opéra de Verdi, *Falstaff*. Le conseiller ne manquera pas l'occasion. Et si cela ne suffit pas à le faire venir, il n'est pas inutile qu'il sache pouvoir y trouver sa belle en compagnie de Paliash l'affreux rival. Surtout s'il s'agit d'un trafiquant d'armes. Fournisseur des anarchistes autant que des nababs. Un bon vendeur ne choisit pas ses clients.

J'ai déjà dit l'étonnement de notre cousin Marc – Marc de Scharnast – lorsqu'il découvrit les lignes écrites par Arnoult, son aïeul, jetées à dessein dans le panier de la chambre du Matin – cette lettre où le *conseiller titulaire* se moque de l'« invisible mécène » Barparoz et du livre *La Pierre des philosophes*. En 1893, Arnoult n'était pas encore le haut personnage que l'on connut ensuite. Néanmoins, il dirigeait déjà un service à la Police générale alors qu'il n'avait pas quarante ans. Il suivait l'évolution des groupes révolutionnaires, ramifiés à travers l'Europe. Il avait des agents ou des correspondants là où se retrouvaient les meneurs en exil.

Carlo, Marc et moi nous étions d'abord concentrés sur Tchaïkovski. Nous avions laissé de côté ce qui concernait les hôtes de la Loggia : le peintre Klugo, Trajane, Marga. Et bien sûr les autres invités du palazzo, y compris quelques jours plus tard le conseiller Scharnast.

À part la lettre traitant Barparoz de « phrénologue », aucune autre trace du conseiller ne figurait dans le dossier de la chambre du Matin. Cette unique lettre ne nous renseignait ni sur son séjour, ni sur les raisons de celui-ci. De surcroît, Scharnast s'était trouvé à Venise mi-juillet, deux semaines après le départ du musicien et le surlendemain du départ des trois hôtes de la Loggia. La chronologie ne semblait pas l'impliquer dans les manigances du palazzo. Jusqu'aux bavardages de Trajane rien ne laissait attendre que le conseiller Arnoult se soit mêlé à ce qui se tramait autour de Lorella Marga.

« Le rapace tacheté pouvait toujours poursuivre son inepte commérage, écrit encore Piotr Ilitch ; elle pouvait bien mijoter son bouillon de sorcière : une pincée de peintre balte par-là, des grains de poivre géorgiens par-ci, une poignée de poudre à canons, quatre dés de conseiller-comte à la sauce Marga. La méchanceté de cette Trajane... Ses flèches venimeuses contre les jaloux *platoniques*... Je n'écoutais plus.

Je n'écoutais plus. Je n'écoutais pas. Je les voyais, eux, Mestchersky et Manouilov alias Slava. Je les voyais tels qu'ils étaient, à Hambourg. Mestchersky flanqué cette infâme petite gouape d'Ivan Manouilov. Son neveu ! Ce ne sera pas le premier qu'il loge chez lui, dans son palais, rue du Sauveur, et qu'il place comme scorpion dans les journaux de Pétersbourg. Sodome et Gomorrhe plastronnant à l'entracte !

C'est évident, le voici le prétendu Slava Mestchersky. Slava c'est Manouilov. Voici la canaille. Ivan. Ivan Manouilov, nom de code Slava. Lui, un comte Mestchersky ! Depuis quand les indics sont-ils comtes ? Ordure. Et le prince le laisse faire. Manouslava. Le Maure en robe carmin, trois bagues à chaque doigt. Le suborneur de mon cher Bobik.

Un indic, un maître-chanteur. Manouilov vit des médisances, des rumeurs, des secrets misérables. Il tient la chronique mondaine, le *Bloc-notes du Dilettante*. Mais ce n'est pas une chronique mondaine, c'est le *Courrier du Sycophante*. Adultères, amours interdites, dettes de jeu, banqueroutes. Il raconte tout cela sous des noms de code parfaitement violables, et mille fois violés. J'imagine sa rubrique : "Le lettré Tcha Tseu Ki, bien connu des clients très choisis de la maison de thé Le Chat Jubile, etc." Dès le soir, autour du feu, chacun s'empresse de traduire. Et cela papote, et cela ricane. Pour éviter le scandale, il faut payer : souverains, goldmarks, francs or, ducats. Manouslava n'accepte pas les roubles-papier. Parfois, bonté d'âme, cette crapule reçoit les paiements *en nature*. M. Bobik, comme il serait fâcheux que, etc, etc. Mon lit vous est ouvert.

Comment n'avons-nous pas prévu que cette fouine hanterait le Jubelzeit. Quels imbéciles nous sommes ! Livrés pieds et poings liés. Il émarge certainement à l'Okhrana. La Section de sécurité, ses mouchards, provocateurs, dénonciateurs. Le conseiller Scharnast n'adresserait pas un mot à ce rat, si celui-ci n'avait ses entrées rue Gorovakhaïa. Il y a 20 000 fiches dans l'armoire de la rue Gorovakhaïa. Tous les policiers d'Europe rêvent de consulter l'armoire, ce conseiller Scharnast comme les autres. Bien mieux que la Poste du docteur Barparoz.

Le Maure. Que sait-il de moi, de Bobik, des dîners aux Leiner, des cadets de la Garde ? Sûr que le bel aspirant Mantelvalg-

Fermor ne lui a pas échappé. Le Maure lit les regards. Il suffit d'un regard. Cette mijaurée à peau de truite, cette Trajane qui fouille ici le courrier lui a-t-elle déjà écrit ? A-t-elle déjà signalé au Maure que j'étais à Venise ?

*À M. Ivan F. Manouilov, Section de la Sécurité et de l'ordre publics, 2 rue Gorovakhaïa, Saint-Pétersbourg.* Avec posts-criptum et paraphe du peintre balte, l'affreux bonhomme spécialiste des âmes : "Oui, cher Ivan Fiodorovitch, le Dr Koku est à Venise. Haha, oui. Koku, le célèbre symphoniste, la pleureuse orchestrale. Le pigeon du désespoir, toujours à roucouler son chagrin. Rrou, rrou. Dès qu'il voit un petit cul. Dans tous les tons. Haha. Il grille pour son neveu, oui, oui. Je vous informe aussi qu'il tourne autour d'un mineur, l'aspirant Fermor du régiment Préobrajenski."

Ce peintre, Klugo, est balte. Fermor est balte. Toute la Baltique va savoir. »

À ce moment de notre lecture des papiers Barparoz, Effi, ma belle-sœur, la femme de Carlo, quitta la pièce. « Laissez-les tranquilles, dit-elle. Leur tourment s'éteignait doucement au fond de cette malle. Pourquoi les réveiller, les ramener à nos misères ? Vous finirez voyeurs comme ce *dottore* Barbarossa ou ces messieurs de l'Okhrana. »

Je me rendis compte, alors, que Peer Basel, mon frère Charles et même notre cousin Marc s'émouvaient peu de l'apparition, dans cette histoire, du conseiller Scharnast. Le découvrir dans ce méli-mélo fin de siècle, leur paraissait amusant, rien de plus ; peut-être cocasse. Car ce Scharnast-là ne passait pas, chez nous, pour un tendre. Arnoult laissait le souvenir d'un homme intimidant, goguenard, tout d'une pièce, poigne de fer. Marc, notamment, avait à peine pris garde aux propos tenus par Trajane sur son grand-père Arnoult et l'empire qu'exerçait Lorella Marga. Ni lui, ni Carlo ne semblaient surpris par la surveillance que le conseiller Scharnast déployait autour de la chanteuse. Basel, lui, jugeait cela *romanesque*.

Pour ma part, j'étais terrifié de voir s'afficher partout mes propres faiblesses, cette passion insensée de la Furtive, la passion d'Angélique se répétant avec Sils Martig, comme si j'étais le reflet de l'ancêtre Scharnast ou plutôt comme si l'Arnoult d'autrefois s'emparait de mon reflet pour le projeter en public – ce reflet s'affichant sans vergogne, masque parmi les masques, dupliqué à l'infini dans ce palazzo des miroirs. La malédiction, quatre cors, deux bassons. L'*Artémis* de Nerval :

*La Treizième revient... C'est encor la première ;*
*Et c'est toujours la seule, ou c'est le seul moment ;*
*Car es-tu reine, ô toi ! la première ou dernière ?*
*Es-tu roi, toi le seul ou le dernier amant ?...*

— Oui, poursuit Trajane. J'aimerais que le conseiller Scharnast vienne à Venise. Il me plaît.

Elle s'assied sur la table, croisant les jambes, la droite largement découverte, et belle. La balance d'avant en arrière, mains jointes sur le genou.

— Lorella, toujours Lorella ! À l'opéra de Hambourg, Scharnast et moi avons beaucoup parlé. De vous, cher Piotr Ilitch, mais plus encore de Lorella. Et moi ? À peine s'il me remarquait. Je n'étais qu'une confidente de comédie à qui l'on glisse des messages. Un truchement. Pourquoi, comme au théâtre, monsieur le conseiller, ne pas choisir la blonde plutôt que la brune ? Trajane au lieu de Lorella. Marivaudages et quiproquos. Ce doit être amusant d'attirer un espion. Il va bien falloir qu'il s'intéresse à moi. Je suis à moi seule bureau de poste et centre de tri.

À ce moment, écartant un rideau de velours cramoisi, Luigi entre dans la loge. Piotr Ilitch s'aperçoit alors qu'il existe une autre entrée, sans doute celle qu'emprunta, tout à l'heure, Trajane. Le rideau masque une porte ouverte sur l'arrière du petit théâtre de bois gris qui, dans l'entrée, sert de vestiaire, le *picio teatro*.

Luigi porte une corbeille à papiers. Piotr réconnaît la forme rectangulaire des corbeilles vues dans toutes les pièces – celle-ci fermée par un couvercle : un tiroir-boîte semblable à ceux du meuble de poste. La présence de Trajane ne semble pas surprendre Luigi ; celle du Russe le trouble – un instant. Luigi se reprend ; fait aussitôt son petit signe de tête austro-hongrois, talons serrés : Madame... Maestro... Déverrouille les barres du meuble ; glisse, comme si de rien n'était, son tiroir-boîte dans la case « Chambre aux Livres ». Verrouille. S'y trouvent les papiers jetés depuis le matin par le compositeur.

Trajane, candide, presque une voix de petite fille :

— Dis moi, Luigi, que sont ces cases avec barres et cadenas ?

— Les corbeilles de toutes les pièces du palazzo, madame.

— Pourquoi les cadenasser ? S'il ne tenait qu'à moi, on protégerait le courrier, pas les corbeilles.

Luigi retrouve son ton paresseux, les sous-entendus. L'air dégagé :

— Ordre du docteur. Question d'hygiène. On scelle. Le concierge ouvrira pour tout vider dans la chaudière. Vous n'imaginez pas ce que certains invités jettent, linges intimes, parfois même accessoires de l'amour. Mauvaise éducation. Le maestro n'y a laissé que du papier. Il est bien le seul.

— Tu vas me choquer, mon petit. Et peut-être même le maestro.

— Le maestro, madame, sait toutes ces petites choses. En votre présence, il n'insiste pas. Il respecte infiniment le beau sexe.

Trajane semble tomber des nues : Respect infini ! Et qu'en est-il de l'autre sexe, le sexe laid ? Respect fini ? C'est déplaisant.

Elle serre ses mains sur son corsage : Je vous tire ma révérence, messieurs. Je vous laisse. Puis, avant de fermer la porte menant, par l'arrière du *picio teatro,* jusqu'à la voûte d'entrée, envoie des doigts un baiser au serviteur : Bonne soirée, mon Luigi.

Le jeune homme se tourne vers Piotr Ilitch :

— Vous cherchez quelque chose, maestro ?

— Je cherche l'un des mannequins du carnaval de la Saint-Jean. Votre maître possède, semble-t-il, tous les costumes. Il me plairait de voir le Marquis fantôme, le marquis de Saint-Arnaud, le grand-père du prince Arnaldo. Je n'ai pas trouvé le Marquis dans le salon des Pùpoli, ni dans le dégagement de ma chambre, ce petit boyau avec la vieille couleur de sapin et l'affreux rouquin.

— Le Marquis français ? Il loge dans la penderie du docteur Barparoz. Comme vous l'avez vu lors de votre promenade, les appartements de Basil Bartovitch ne sont pas compris dans la visite... Notre maître se réserve seul le droit de porter le costume du Marquis. Le docteur ne sera pas là samedi. Au bal, vous ne verrez donc pas le fantôme. Toutefois, puisque vous êtes un ami de madame Klugo...

— Cette dame est l'épouse du baron ?

— Le docteur Barparoz a invité comme telle Mme Trajane. Elle est inscrite dans nos registres sous le nom de Klugo.

— Votre maître vous permet-il de lire les lettres, ou les laisser lire ?

— Le docteur est intraitable pour les corbeilles, nous risquerions gros. Il n'a rien précisé pour les lettres à poster. Sur ce point, madame Klugo n'est donc pas indiscrète...

Luigi s'approche, baisse la voix : « Puisque Trajane vous apprécie, je puis faire une exception. » S'approche encore : « Et vous ouvrir l'appartement du docteur Barparoz. Vous verrez le Marquis. » Luigi montre la porte du pays des domestiques : « Venez, c'est plus discret, plus rapide par le service. » Fait signe au Russe de passer le premier, s'efface : « Tout droit, maestro, l'escalier métallique. »

Au seuil des communs, les deux hommes sont proches à se frôler. Piotr Ilitch se tourne vers Luigi. Face à face, immobiles, le visage de Luigi à hauteur des épaules du Russe. Chacun perçoit la chaleur de l'autre. Ils ne bougent pas, se regardent. Piotr Ilitch pose ses mains sur les hanches du garçon, monte doucement jusqu'au visage ; les cheveux fins, lavés de quelques heures. Les yeux de Luigi sont noirs, ceux de l'aspirant Fermor très bleus ; le nez de Luigi légèrement retroussé, celui de Fermor légèrement busqué. L'un est l'autre ont les lèvres ourlées, un peu sombres.

Piotr Ilitch tient le visage de Luigi entre ses mains, s'approche encore. Luigi le regarde, dit : « Non. » Le Russe s'arrête. Regarde fixement Luigi. Ses mains s'écartent, reviennent sur les épaules du jeune homme qui répète : « Non. » L'un devant l'autre, toujours se frôlant. Leurs deux parfums. Piotr Ilitch baisse la tête ; ses bras retombent. Luigi presque en murmure redit posément : « Non, vous valez mieux, maestro. » Piotr Ilitch s'écarte du jeune homme en spencer. Pour lui-même, très bas, inaudible : Aie pitié de moi.

À la manière d'un somnambule, le Russe revient dans le bureau du courrier. Luigi reste sur le seuil des communs, côté pénombre :

— Vous désirez quelque chose, monsieur ?

— Un verre d'eau, s'il vous plaît.

Luigi ajuste son spencer. Piotr Ilitch suit du regard le serviteur qui passe la porte de la salle à manger et la traverse jusqu'à l'office, à l'autre bout des tomettes serties dans des lattes de bois. Il marche sur ses hautes jambes de son court pas rapide, moulé dans le pantalon de service. Déjà revient, pose le verre sur la table de tri.

Piotr Ilitch porte l'eau à ses lèvres, boit. Santa Murgana sonne sept heures de l'autre côté des murs et du jardin. Luigi, la voix plus nette, traînante – comme d'habitude – un rien gouailleuse ; peut-être sans intention, par négligence : *Angelus domini nuntiavit Mariae...*

Piotr Ilitch se lève. Luigi continue : *Et concepit de spiritu sancto.* La courte barbe du Russe, ses traits réguliers et inexpressifs, invariablement courtois, trahissent à peine son épuisement.

— *Ecce ancilla domini.*

Piotr Ilitch se retourne :

— Vous vous moquez ?

— Je récite l'Angélus, maestro. C'est l'heure.

Le Russe emprunte la porte du théâtre d'enfants. Disparaît vers le hall. Les vieux souffrent davantage.

De retour dans sa chambre, Piotr Ilitch prend le *Journal* :

JOURNAL

Pauvre petite postulante !

Lettre d'Apoukhtine, il y a vingt-cinq ans, gravée dans ma mémoire : « Toi, pauvre couventine candide, tu persistes à croire au travail, à la lutte. Pourquoi ne pas croire au progrès tant que tu y es ! Pourquoi travailler ? Contre qui lutter ? Ma petite couventine, sache une fois pour toutes que le travail est parfois utile mais qu'il est toujours une calamité. Et qu'on ne lutte pas avec l'ange. »

Le beau sexe, le sexe laid.

Sueur, mains moites, plaisir méchant du serpent : le serpent digère la souris, écœuré, repu, mauvais. Il hait la souris dès qu'il l'a mangée. Espionnage. Au palazzo, tout le monde lit tout le monde ; tout le monde se cache mais montre qu'il se cache ; tout le monde parle bas mais assez pour que j'aie mortellement besoin de tendre l'oreille, d'écouter ce qui torture, ce qui fait vomir. Il ne faut pas écouter mais j'écoute. Le Z. Haletant comme un vieux chien.

Six mégots dans le cendrier. La nuit approche, impalpable : lanternes, lumignons, carrés de lumière, rectangles dans les façades. L'eau semble très pâle : un trait de laque pris dans le ciel.

Piotr a fait monter le dîner.

Luigi est venu, flanqué de la femme de chambre. L'habituel comportement, comme si de rien n'était. Dès qu'il entre, le musicien reprend son masque amène, devenu depuis des années son visage public. À côté du cendrier, sur le bureau, dans le cercle tracé par la lampe : un verre ballon, le quatrième cognac, déjà presque entièrement bu.

Piotr Ilitch prend des notes, consulte le volume des *Conte*s et celui des *Fastes des Muses*. Du tabac tombe sur le papier.

BALLET

Personnages et argument du *Mannequin d'or*. Opéra-ballet.

Le prince de Venise, Arnaldo, tombe dans un sommeil de cent ans, piqué par une bague maléfique lors des fiançailles auxquelles l'a contraint sa marâtre, Pallade. Seule peut l'éveiller une jeune fille. Malgré les obstacles semés par la vieille Pallade et ses serviteurs, la jeune Marghetta tente l'épreuve.

Pour réveiller celui qu'on appelle le Sieur mort, Marghetta doit assurer une longue garde à ses côtés, qui dure plusieurs mois. Peu de temps avant l'heure du réveil d'Arnaldo, Marghetta – épuisée – cède sa place à la servante Maura. Cette négresse se substitue à la jeune fille, et devient par fraude l'épouse du prince.

Pallade et son factotum l'amiral janissaire Barbaros s'allient avec Maura, la fausse épouse. Ils veulent voler au prince Arnaldo le secret de longue vie qui le préserva dans son sommeil. Ils fabriquent, pour cela, un mannequin magique, le Mannequin d'or. Ce pùpolo séduit le prince, qui tombe dans une passion folle, illusoire et mortelle. Amoureux d'un automate !

Aidée par le spectre du grand-père d'Arnaldo – le Marquis fantôme –, Marghetta tente de les en empêcher.

Le drame se conclut par un dernier jeu de masques et de dupes lors du Carnaval d'été, le Carnaval des bûchers de la Saint-Jean.

Je fais jouer deux trios :

Premier trio :

1) Arnaldo le prince « mort » : moi.

2) La princesse Marghetta : Marga, mon incomparable Tatiana.

3) La mauvaise servante Maura qui trahit, qui fouille, qui complote avec le Maure, c'est Trajane, la crécerelle, la jolie tueuse aux yeux verts, aux taches de rousseur. Non : l'effraie. La face de l'effraie se présente en forme de cœur, mais le bec est d'acier, les serres puissantes. Trajane est une effraie.

Deuxième trio :

1) La comtesse Pallade : elle représente la ploutocrate Nadejda, la gräfin von Meck, l'increvable vieille.

2) L'amiral Barbaros : le Maure, le misérable Klugo, l'inconcevable Slava Mestchersky.

3) Apoukhtine sera le fantôme du Marquis.

Si Bob demande quel est le programme caché du *Mannequin d'or*, quelle est la clé des personnages. Répondre : « J'utilise des gens que j'ai rencontrés lors du voyage. Le millionnaire Barparoz, un fat nommé Klugo, la dangereuse Trajane, mon amie Lorella Marga... tous ceux-là, tous ces gens-là, je les ai vus à Berlin, Londres, Paris. Tu ne les connais pas. »

Bobik ne doit pas établir de relation entre les personnages du *Mannequin d'or* et lui.

Pour moi, si celle que j'appelle Sils Martig s'intéresse à cet écheveau de fausses et vaines relations, je répondrai : « À cause de Tchaïkovski et des tourments que lui inflige sa pauvre âme malade – à cause de l'aïeul Scharnast et de cette soprano, Lorella Marga, dont nous ne connaissions jusque-là que la silhouette furtive, si vive, et le sourire juvénile.

Plus encore à cause de vous, Sils, devrais-je aussi lui dire. À cause de mon âme égarée, elle aussi. À cause de vos bras qui jamais ne se refermeront sur moi tout comme ceux de Luigi, de l'aspirant Fermor ou de Bob n'étreindront jamais Piotr Ilitch. Je ne parlerai pas du désir pour toujours sans objet, de l'inutile réussite de mes entreprises tout comme furent inutiles à Piotr Ilitch le succès croissant de ses œuvres – succès sans remède contre l'âge de la solitude dont il a franchi les portes invisibles ce malencontreux 11 mai 1893, l'irréparable jour du portrait-carte, ne se doutant pas en entrant dans le Jubelzeit, en surprenant les amours de Bob, que son temps s'achevait ; qu'il restait veuf avec sa chimère ; qu'il passait dans le pays des brumes où la silhouette du voyageur se perd lentement et où, bientôt, nous-mêmes ne nous voyons plus que de dos, nous perdant de vue dans la grisaille.

Mais je reviens à Tchaïkovski. Au carnet BALLET qu'il emplit de son écriture :

Impératif. Vital. Bob doit ignorer ce qui m'anime à son égard. Ne rien lui dire de la Poste du Jubelzeit. Rien sur le Maure, rien sur la Nastenka. Mais lui raconter, l'air innocent, le bureau du Courrier à côté du théâtre d'enfants, cette histoire de lettres volées par Trajane, lues en fraude, falsifiées.

Dire tout cela l'air innocent, comme si je ne décrivais qu'une simple curiosité, une particularité vénitienne. Oui, une simple curiosité. Lui raconter ce trafic de Trajane et Klugo, les fausses identités. Regarder alors si Bob se trahit, s'émeut. S'il pense à ses propres messages, à ceux de cette canaille de Slava Mestchersky.

Quitter la ville de la mort, le labyrinthe aux cachotteries. Lanbarìnto, chacun espionne l'autre.

La nuit est venue. Piotr, en regardant sur la droite, peut voir le large, la lagune au-delà de l'étroit rio : le canal Saint-Marc s'élargissant, l'extrémité de l'île San Giorgio. Beaucoup de barques à lanternes, de vaporettos illuminés et de gondoles plus secrètes s'y croisent et entrecroisent.

Piotr Ilitch ne quitte pratiquement pas son appartement jusqu'au surlendemain à l'heure du café. Il travaille sur le conte du *Sieur mort*. Il en écrit une adaptation destinée à son frère Modest – une version revue et corrigée à sa manière.

Les deux frères Tchaïkovski procèdent souvent de la sorte : le compositeur rédige un argument que Modest transforme en livret d'opéra ou de ballet. Cette fois, pourtant, Modest ne recevra pas le livret du *Mannequin d'or*. Piotr Ilitch le jettera, le jour de son départ, comme la plupart de ses notes et papiers – tous conservés dans les corbeilles à verrous du docteur Barparoz.

## 3

Cher Modest,

Voici :

*Le mannequin d'or*
opéra-ballet tiré des Contes de Pifania Vécia

*

Je me suis inspiré d'un vieux livre italien traduit en français par la chère Mme d'Aulnoy dont Mlle Fanny nous lisait *L'Oiseau bleu* et *La Chatte blanche*. Dans le conte vénitien et dans ce projet sur lequel je voudrais que tu travailles, les malheurs obsèdent un jeune prince, Arnaldo. Des êtres obscurs l'assiègent, volent autour de lui comme des hiboux, chouettes et chauves-souris aux yeux écarquillés. Il n'en voit que les masques. Ces rapaces tirent les ficelles. Toi, tu devras faire voir ce qu'Arnaldo ne voit pas.

Je suis comme lui. Je m'agite sur scène mais les ombres se bousculent en coulisse. Je n'en suis malgré moi que le pantin. Si longtemps pantin de la von Meck, maintenant pantin du docteur Barparoz ! Pantin depuis toujours du fatum.

Le fatum laisse voguer l'esquif et l'esquif fait son joli parcours, ses belles figures, bâbord, tribord, mer calme, heureux voyage. Puis le mufle de la Bête jaillit de l'eau. Quatre cors, deux bassons : ça monte des abysses, les vagues se creusent, l'énorme force noire, sans nom, se jette dans la barque, nous déborde de partout. Comme les disciples de l'Évangile, nous tremblons ; nous grelottons, trempés de peur. Mais dans ma barque ne se trouve pas de Christ. Il n'est pas là, près de moi, dormant de son sommeil héroïque, calme et confiant malgré l'orage. Il ne s'éveille pas pour menacer le vent et dire à la mer : « Silence : Tais-toi. »

La tempête ne cesse pas.

T'en souviens-tu ? Je l'avais écrit un jour à la von Meck : « Il n'y a nul havre de paix. Notre barque navigue sur cette tempête inapaisée jusqu'à ce que les eaux nous saisissent et nous engloutissent dans leurs grandes profondeurs. »

Mais lis d'abord l'argument. Tu feras sans peine, je crois, le découpage en scènes et les didascalies.

J'ai prévu une ouverture et des interludes d'orchestre. J'en signale certains dans le courant du projet. Réduis à l'indispensable le texte des récitatifs et les airs. La danse et la pantomime doivent représenter l'essentiel de l'action ; doivent dire tout ce qui ne saurait se dire, soit que les personnages dissimulent leur pensée, soit qu'ils n'aient pas conscience de ce qui les anime.

L'action se déroule dans un palais de Venise proche de la place Saint-Marc. Quelques scènes se placent devant le palazzo, sur le parvis, avec un dégagement laissant voir le Grand Canal.

## *Argument*

Orphelin de père et de mère, le jeune prince Arnaldo a grandi sous la garde d'une très vieille intrigante : la veuve Pallade. Celle-ci se fait passer pour sa grand-mère mais n'eut jamais de mari, ni d'enfants. Pas une vraie veuve, donc : une veuve ontologique.

Pallade fut jadis la maîtresse et la complice d'un aventurier : le marquis de Saint-Arnaud, grand voyageur et grand joueur. Le marquis parlait plusieurs langues mortes, dont certaines fort rares. Il disait s'être entretenu avec les reines et les rois des siècles anciens. Il se déclarait alchimiste. Il affirmait détenir un élixir capable de prolonger la vie en redonnant la jeunesse. D'une de ses maîtresses – épouse du duc de Venise – Saint-Arnaud avait eu un fils, Pietro. Ce fils adultérin passa pour l'enfant légitime du doge. Il fut plus tard le père d'Arnaldo.

Pallade, furieuse d'avoir une rivale, empoisonna la belle duchesse de Venise. Celle-ci se consuma de langueurs et succomba peu après la naissance du petit Pietro. Pour faire enrager l'infidèle Saint-Arnaud, Pallade se fit la maîtresse du doge cocu devenu veuf. Puis, n'ayant plus besoin du barbon, Pallade le supprima –le vieux doge mourut à son tour d'une sorte de choléra.

Restait à régler son compte à Pietro, le fils adultérin de Saint-Arnaud et de la duchesse de Venise. Ce Pietro s'était marié entre-temps. Le même prétendu choléra l'emporte maintenant ainsi que sa femme. Pallade ne s'encombre pas de gêneurs.

Certes, Pietro et son épouse ont eu le temps d'avoir un fils, le petit Arnaldo – le personnage du conte. Pallade en profite. Elle se fait bientôt gouvernante d'Arnaldo, qui doit l'appeler *ma bonne mère-grand*. Pourquoi s'arrêter en si bon chemin ? Sans doute grâce à quelques poisons, voici la *bonne mère-grand* devenue régente de Venise. La dogaresse Pallade. Dogue et ogresse...

L'histoire commence le jour des dix-huit ans d'Arnaldo.

Immensément vieille et riche, Pallade a décidé de fiancer le jeune Arnaldo duc de Venise, à sa nièce Palladine, princesse de Mytilène –nièce, petite-nièce, arrière-petite-nièce? Nul n'a jusqu'alors entendu parler ni de cette Palladine, ni d'une principauté de Mytilène.

Quand Palladine et son cortège entrent pour les fiançailles dans la salle du trône, tous sont frappés par sa ressemblance avec un portrait qui, dans la même salle, représente sa tante Pallade jeune, du temps de ses amours avec Saint-Arnaud et le vieux duc de Venise. Même beauté froide, aura fauve d'oiseau de nuit, d'effraie, de *joli rapace*.

Déjà les fiançailles commencent.

Arnaldo se trouve sur une petite estrade, où sont deux fauteuils de velours rouge aux bois dorés. Il prend place dans le fauteuil de gauche. Palladine monte et s'assied, à côté de lui, dans le fauteuil de droite.

Au-dessus de l'estrade, le portrait de la dogaresse Pallade – la jeune Pallade d'autrefois – a supplanté celui de la défunte épouse de Pietro, sa victime. La momie octogénaire, sans vergogne, a fait aussi décrocher le portrait du vieux doge pour le remplacer par celui du marquis de Saint-Arnaud, son ancien amant, le véritable grand-père d'Arnaldo. La toile montre un libertin jeune et sec à la mode française : ruse, impertinence, intelligence.

La régente Pallade se tient debout à côté d'Arnaldo. Sa nièce Palladine, quant à elle, est flanquée d'un certain Barbaros, amiral de toutes les flottes de Mytilène. Grand, plein de lui-même, il porte une tenue de janissaire. Il s'agit, au vrai, d'un fantoche exécuteur des basses œuvres de l'increvable vieille.

Pallade sort de l'écrin la bague de fiançailles. La tend au jeune prince.

Arnaldo essaye de glisser la bague au doigt de sa fiancée. Il échoue. La régente Pallade se penche. Son gant noir saisit la main d'Arnaldo. C'est elle, Pallade, qui passe l'alliance au doigt de sa nièce. Elle serre d'une force implacable la main d'Arnaldo dans celle de Palladine, comme l'oiseau de proie qu'elle est. La monture empoisonnée pique Arnaldo. Le prince gémit, retombe, inanimé.

[Ici, le compositeur gribouille une note. On en trouve plusieurs dans le manuscrit du *Mannequin d'or* : ]

Pendant la cérémonie de fiançailles Arnaldo paraît absent. En fait, il est terrifié. Cette terreur est dans la musique, tu l'entendras, je te la jouerai au piano. Atterré, accablé. Arnaldo sait qu'en se fiançant, il se jette dans la gueule du lion. La cour vénitienne ne voit que son air absent, ses gestes absents, pas son horreur muette.

Mon mariage aveugle – te souviens-tu ? En juillet 1877, mon mariage c'était cela. J'étais ainsi. Mes noces avec l'élève du Conservatoire, la pianiste A.I. Une petite-bourgeoise au cœur de grisette. Détraquée, complètement détraquée.

*Folie du désespoir* : épouser n'importe qui, sans délai, pour faire taire la valetaille, les espions, les fouailleurs. Rumeurs sur mes *habitudes*. Les ragots atteignaient ceux que j'aimais. Humiliés, déçus.

Je me vengeais aussi, par ce mariage, de Joseph Kotek, le violoniste. Il m'avait quitté. Fuir cette souffrance. Fuite en avant. Pour oublier Joseph, je me jette dans les bras de cette demi-folle, A.I. Me précipite dans ses bras de néant.

*Je me jette dans tes bras.*

Je finissais *Eugène Onéguine*. J'imaginais en A.I. ma Tatiana ! *Tu n'es qu'une pauvre couventine candide*, m'écrivait Apoukhtine. *A.I., une Tatiana ! Mais c'est une hystérique, mon pauvre Piotr*. Apoukhtine avait raison, mille fois raison : je suis une niaise, une couventine, voilà ce que je suis. Et je me jette dans les bras d'une malade.

Presque plus de souvenirs du 6 juillet 1877, sauf quand le prêtre prend l'anneau de la main d'A.I., le passe à mon doigt. Ma main me pèse ; irradie à la manière d'une arthrose. « Embrassez-vous », dit le prêtre. Me suis vu poser mes lèvres sur la joue d'A.I. comme un suicide.

Depuis, mes insomnies sont infernales. Je revois le mariage. Toujours la même scène : il faut m'enfuir, quitter l'église, mais j'avance, je m'installe. Joseph Kotek est garçon d'honneur. Puis le prêtre prend l'anneau, le passe à mon doigt. A.I. se penche pour recevoir mon baiser.

Je charge dans le mur. Je me vois charger dans le mur. Je me vois hâter la catastrophe. Sans réagir.

C'est pourquoi dans la musique d'Arnaldo, au moment des fiançailles avec la Palladine, j'évoquerai ma tétanie. Ce sera un thème des accordailles : la fanfare, le fatum, avec les graves qui s'enlisent, répugnants, quatre cors, deux bassons, puis tous les cuivres. On l'entendra chaque fois que l'ou l'autre se prête des serments d'amour. Serments de mensonge, piège, honte.

À peine le prince Arnaldo s'est-il effondré, empoisonné, que tout le palais s'endort du sortilège de la bague. Chacun là où il se trouve – sauf Pallade et Barbaros. Quant à Palladine, elle a disparu du fauteuil. Elle a repris sa place dans le portrait de la jeune Pallade, d'où la magie l'avait fait sortir. Palladine n'était qu'un peu de peinture sur de la toile.

Pallade donne son bras à Barbaros, le Maure, l'amiral d'imposture, l'ambassadeur de l'illusoire Mytilène. La régente Carabosse profère sa malédiction :

— Qu'Arnaldo dorme cent ans. À son réveil, il tombera mort, en poussière. Sa jeunesse m'appartiendra pour toujours.

Pallade et Barbaros quittent la salle du trône.

Le portrait de Saint-Arnaud s'anime. Les yeux du marquis fantôme brillent.

La voix de Saint-Arnaud, sais-tu Modest, comment je l'imagine ? Comme celle d'Apoukhtine encore svelte et jeune, tel que je le connus à l'école de Droit, avant qu'il devienne une otarie. Une voix habile et savante, un peu chantante.

Le marquis contredit la vieille :

— Les élixirs et les arcanes que, jadis, je t'ai livrés, Pallade, j'en ai gardé la maîtrise. Tu ne seras jamais la plus forte. Je jette un sort inverse au tien. Au réveil, Arnaldo, mon petit-fils, ne tombera pas en poussière. Il restera jeune à condition qu'avant cent ans l'éveille celle qui lui rendra le souffle.

Au moment où le portrait de Saint-Arnaud s'éteint, une inscription paraît sur les marches de l'estrade, au pied du fauteuil vide de la promise et du fauteuil où dort Arnaldo. Une voix d'enfant chante le texte gravé dans la pierre :

Celle qui sur moi veillera
Un an, trois mois et une semaine
Pour toujours sera mon épouse bien-aimée

*

Il faudra, Modest, que le sommeil du prince Arnaldo et de la cour marque la fin du prélude. Comme l'avait annoncé Pallade dans sa malédiction, l'action reprend cent ans plus tard – un peu plus tôt que les cent ans. Pallade a monté la garde, de sorte qu'aucune jeune fille n'approche le palais de celui qu'on nomme désormais le Sieur mort.

Aussi riche que les cimetières et que les Enfers qui sans cesse s'engraissent des morts, la vieille milliardaire a fixé – l'as-tu bien noté ? – un délai d'un siècle au moment du sommeil d'Arnaldo. Celui, recru d'ans, tombera, dès le réveil, en poussière. Puis le Marquis fantôme a modifié la règle : le garçon sera sauvé si, dans ce délai de cent ans, une fille le veille un an, trois mois et une semaine. Nous retrouvons donc le palazzo alors que quatre-vingt-dix-huit ans, huit mois et trois semaines se sont écoulés.

Nous sommes sur le parvis devant le palais clos, sommeillant. Dans le lointain on devine la lagune et l'extrémité de l'île de San-Giorgio.

*

Une jeune fille passe devant le palazzo. C'est Marghetta, l'unique enfant d'un marchand d'épices.

Accompagnée de sa camériste, elle profite du marché. La Saint-Jean d'été s'approche : camelots, forains, colporteurs, bonimenteurs, sbires, comédiens de tréteaux, gitans.

Travesti en mendiante, le Marquis français aborde la jeune fille :

— Ma jolie, pour l'amour du ciel, donne-moi quelque chose.

Marghetta lui laisse quelques sous.

— Ça ne pèse pas lourd, dit la vieille. Donne un peu plus.

Marghetta jette à nouveau des pièces dans la sébile. Pas assez pour la rombière sordide, qui réclame davantage. Une troisième fois, Marghetta s'exécute. La mendiante glapit toujours : « Encore ! Encore ! » Marghetta ne répond plus et passe son chemin. La vieille menace :

— Puisque c'est ainsi, ma belle, jamais tu ne te marieras.

Marghetta se retourne, terrifiée. Les badauds s'attroupent.

— À moins...

La fausse gitane danse une incantation grotesque.

— À moins que tu ne parviennes à veiller le Sieur mort.

Sans donner plus de détails la mendiante disparaît. Marghetta s'affole, interroge les passants : où trouver le Sieur mystérieux ? Un Maure surgit, un vaniteux bellâtre, une large écharpe blanche en guise de ceinture. Barbaros, évidemment, de mèche avec Pallade. Il désigne, sur les quais, galions, galées et gabares. Il veut écarter du palazzo la jeune fille, l'expédier au bout du monde afin qu'elle ne puisse accomplir le prodige qui mettrait fin à l'enchantement :

— Le voyage sera long, jeune fille. Le Sieur dort sous la grande montagne de Chine. Deux ans seront passés avant votre retour.

Un petit homme vif et pâle, vêtu à la française, s'interpose. On reconnaît le marquis de Saint-Arnaud, qui a repris son apparence. Le Maure et le Marquis rivalisent auprès de Marghetta.

Le Marquis fantôme désigne, pour finir, le palais de marbre, tout proche :

— N'écoute pas le beau parleur, ma jolie. Le Sieur mort se trouve ici, tout proche. Quant à toi, voleur de poules, retourne au clapier, retourne à ta maîtresse, la vieille cocotte aux œufs d'or !

Marghetta monte les marches du palais, hésite, pousse la porte. Sa cameriste la suit à regret. Les deux femmes avancent à tâtons dans la demeure endormie. Elles parviennent à la salle du trône. Tous y sont figés, du prince Arnaldo jusqu'au gâte-sauce. Seuls ont échappé à l'enchantement, on s'en souvient, Pallade et le Maure prétentieux, redevenu l'amiral factice, Barbaros le fat, le janissaire rouge.

Les revoici. Ils ont suivi Marghetta et la camériste. Pallade n'a plus d'âge, à la fois jeune sans jeunesse, vieille sans vieillesse. Elle ressemble à Palladine, comme si la jeune femme recouvrait de ses traits la momie centenaire.

L'estrade des fiançailles reste dans l'ombre. Marghetta distingue mal les deux fauteuils. Le premier fauteuil est vide ; dans le deuxième dort Arnaldo, simple forme dans l'obscurité, pour l'instant. Quelque part au-dessus du jeune prince pend toujours le portrait du marquis français. En y prêtant bien attention, le cadre se devine. Et deux yeux qui luisent – les yeux de Saint-Arnaud.

Marghetta, après avoir tenté d'éveiller le chambellan, les suivantes, les gardes, allant vainement de l'un à l'autre, s'approche des deux fauteuils. Ceux-ci sont maintenant bien visibles. Elle voit le jeune prince inanimé sur l'un, et le fauteuil vide à côté. Elle lit l'inscription :

Celle qui sur moi veillera
Un an, trois mois et une semaine
Pour toujours sera mon épouse bien-aimée

Elle dit à la caméristeм:

— Voici donc le mari qui m'est promis, dont cette horrible gitane voulait m'éloigner. Je resterai ici nuit et jour.

La camériste, effrayée, s'enfuit. Marghetta s'assied dans le fauteuil vide. Elle ne bouge plus.

Les mois et les jours se succèdent. L'année passe. Marghetta veille toujours Arnaldo. Elle entend crier, venant du Grand Canal. C'est la voix du Maure : « Des esclaves ! On vend des esclaves ! Qui veut des esclaves ? »

— Bonne idée, dit la jeune fille. J'en achète une. Elle me tiendra compagnie. De temps à autre, elle me relaiera. Je tombe de fatigue.

Marghetta court au balcon.

En bas, se trouve Barbaros, déguisé en marchand d'esclaves. Il lui vend Maura, la fille qu'il eut d'une diablesse de Nubie. Maura veille auprès de Marghetta dans le palais endormi.

Trois mois passent encore, puis quatre jours.

Marghetta n'en peut plus. Elle se tourne vers Maura et lui dit :

— Il faut que je me couche. Laisse-moi dormir les trois jours qui restent avant la fin du sort jeté à ce beau prince. Mais surtout réveille-moi avant minuit, que je sois présente quand commencera le quatrième jour et que le Sieur rouvrira les yeux. Je t'en conjure, réveille-moi, n'oublie pas.

— N'ayez crainte, maîtresse. Vos ordres seront obéis.

Trois jours passent.

Peu avant minuit, une effraie se fait entendre. Maura la salue : l'oiseau l'a toujours protégée. Maura est vêtue comme Marghetta. Elle se tourne vers sa maîtresse. La berce : « Dormez, ma jolie, dormez, c'est moi qui l'aurai... »

Minuit sonne.

Au premier coup Maura reprend sa berceuse : « C'est bien, c'est bien, jeune maîtresse ; dormez d'un sommeil enchanté. »

Au-dessus d'Arnaldo, le portrait du marquis fulmine. Malgré la colère du fantôme, malgré les onze coups qui se succèdent Maura ne tire pas Marghetta du sommeil.

Au douzième coup, Arnaldo se réveille.

Il voit la jolie Maura, se lève, l'embrasse : « Tu es ma princesse Charmante. Tu seras mon épouse bien-aimée. »

Pallade et Barbaros se réjouissent. La substitution a réussi. De son cadre, le marquis jette un regard mauvais sur les deux comparses et sur Maura. L'enchantement cesse, le palais se réveille : majordome, serviteurs, servantes, cuisiniers, oiseleur, astrologue, archiviste, médecin, greffiers, lingères...

Le bruit tire Marghetta de sa torpeur :

— Maudit soit celui qui m'a vendu cette esclave ! s'écrie-t-elle.

Il est trop tard. Barbaros revêt sa fille Maura d'une grande robe de soie jaune, frappée de paons verts aux roues multicolores. La vieille Pallade avance, la grand-mère de cauchemar, étrangement semblable à la jeune Palladine. Elle avance avec la bague, afin que reprennent les fiançailles interrompues cent ans auparavant. Le prince Arnaldo sourit sans comprendre, toujours engourdi. Il passe la bague de fiançailles à la main de Maura qui a pris la place jadis occupée par la cruelle Palladine.

Je tiens, Modest, à ce que cette scène du ballet rappelle explicitement les fiançailles-cauchemar du *Lac des cygnes*. Tu sais : le moment où le magicien Rotbart présente au prince un cygne noir que le prince confond avec son inoubliable cygne blanc.

Marghetta tombe évanouie. Personne ne la remarque.

Arnaldo peine à glisser la bague au doigt de Maura. Il se moque de lui-même : son rire sonne faux. Il embrasse la main de

Maura : sa fougue est forcée. La fête se suspend. Le palais vacille. La duchesse, l'amiral, toute la cour observent le prince qui semble vouloir quitter un mauvais rêve. Le marquis de Saint-Arnaud sourit, plus caustique et rusé que jamais.

Le jeune prince cherche du regard à droite, à gauche, inquiet. Il voit Marghetta, appuyée contre une colonne, inconsciente. Demande à la capiteuse Maura qui est cette jeune fille.

— Une esclave, cher prince, répond la fille de Barbaros. Je l'avais acquise pour m'aider lorsque je vous veillais. Elle fut inutile. Elle dormait toujours. Voyez : elle dort encore !

— Pauvre enfant...

— Une sotte, voulez-vous dire.

Arnaldo hésite. Maura le gourmande :

— À quoi donc rêvez-vous ? La bague ! La bague au doigt. Gai, marions-nous !

— Marions-nous !

La fête reprend. Ce serait la fin du premier acte, avec une marche nuptiale grimaçante, comme il se doit. Et le rideau qui s'abaisse lentement. Lorsque nous commettons des bêtises désespérantes tout se fait lentement, inexorablement, au ralenti, pour qu'on ait bien le temps de se voir au moment de se perdre. Le fatum, vois-tu.

*

Il faut maintenant t'en dire davantage, Modest, sur le secret qui lie Pallade à Saint-Arnaud. Il ne s'agit pas seulement d'un couple d'anciens amants devenus rivaux. Il existe entre eux une sorte de pacte, un mariage noir.

Lorsqu'elle était jeune, lorsqu'elle partageait les jeux et les aventures du Marquis, Pallade reçut de lui deux arcanes et les deux élixirs qui les mettent en œuvre : l'arcane de la fortune et l'arcane de l'inaltérable vieillesse. Ces deux secrets permettent à Pallade de figer Venise par l'or et d'amasser sans fin par l'usure perpétuelle. Tout doit demeurer sous sa coupe, rien ne saurait croître en dehors de son orbe.

Les Vénitiens sont enfants mort-nés de Pallade. Ils ne peuvent naître, ni s'affranchir, ni vieillir en dehors d'elle. « Fils et filles ils sont, fils et filles qu'ils demeurent, à deux, vingt ou quatre-vingts ans. » Pallade répète qu'à sa mort, ses sujets feront comme ils l'entendent... Mais Pallade ne meurt jamais. Elle règne sans partage sur la vieillesse ; elle se réserve ce qu'elle nomme l'« âge vainqueur ».

[Addition raturée de Piotr Ilitch : ]

Te souviens-tu, Modest, de cette lettre qu'envoya l'insatiable momie, la Nadejda von M. C'était peu après mon horrible mariage, quand j'ai enfin pu fuir cette pianiste insane dont j'avais fait mon épouse. La von M. m'a calligraphié cette missive, de sa plume de vautour :

> « Votre musique m'est chère non seulement pour sa perfection mais parce qu'elle exprime ma vie et mes sentiments. Piotr Ilitch je mérite que votre musique soit mienne. Personne ne peut l'apprécier comme je l'apprécie.
>
> « Pouvez-vous comprendre la jalousie que j'éprouve bien que nous ne nous rencontrions jamais et n'ayons, tel est mon bon

plaisir, nulle relation directe ? Je suis jalouse de vous comme une femme peut être jalouse de l'homme qu'elle aime. Savez-vous que lorsque vous vous êtes marié cela me faisait mal : il m'était pénible de penser votre intimité avec cette femme. J'étais contente quand vous étiez malheureux avec elle. Je détestais cette femme parce qu'elle vous rendait malheureux mais je l'aurais détestée cent fois plus encore si elle vous avait rendu heureux. Il me semblait qu'elle m'avait pris quelque chose qui ne pouvait être qu'à moi, auquel seul j'ai droit parce que je vous aime comme personne ne vous aimera jamais parce que je vous apprécie plus que n'importe qui au monde. »

Voilà celle qui se disait mon amoureuse ! Des beaux mots, des belles phrases. Puis, d'un jour à l'autre, elle interrompt ma rente ! Elle a voulu m'acheter tout entier, puis elle me met en solde.

Bien qu'elle soit, elle aussi, riche et increvable, la Pallade vénitienne n'est pas satisfaite. Le marquis lui a donné deux arcanes – la fortune, l'inaltérable grand âge – mais il conservé le troisième : celui de la jeunesse. Le pouvoir non pas de recommencer, mais de commencer. Pallade veut lui arracher ce dernier pouvoir.

En effet, lorsqu'elle abandonna le marquis pour le vieux duc de Venise, Pallade avait vingt-trois ans. Tous l'adoraient. Puisque le marquis de Saint-Arnaud lui avait donné, au plus fort de leur liaison, les arcanes de la fortune et de l'inaltérable vieillesse, qu'avait-elle à s'encombrer plus longtemps du gracieux criquet français, fût-il plein d'esprit ? Elle planta là le marquis.

Celui-ci ne se laissa pas faire :

— Pars donc, mon chat-huant, brise les cœurs, séduis tes proies. Tu n'auras jamais plus vingt-trois ans. Tu rajeuniras, certes, mais tu n'auras eu qu'une seule jeunesse. Tu rajeuniras sans jamais retrouver tes vingt-trois ans. À quatre fois ton âge d'aujourd'hui, quatre-vingt-douze ans, mon chiffre ne t'en rendra que la moitié : quarante-six. À vingt-trois ans, c'est la jeunesse qui séduit. À quarante-six, seule la fortune permet les bonnes fortunes... Une jeunette séduit, une dame riche et mûre doit payer. Tu auras de nouveau quarante-six ans et tu vivras de nouveau jusqu'à quatre-vingt-douze. Et, de nouveau quarante-six. De nouveau jusqu'à quatre-vingt-douze, chère Pallade. Et ainsi de suite. Telle est ma martingale. Quarante-six, quatre-vingt-douze. Tu ne pourras qu'acheter les hommes. Aucun d'entre eux, cependant, n'approchera le prix de ton âme. Aucun ne te vaudra. Quarante-six, quatre-vingt-douze. Sans fin.

Voilà pourquoi, Modest, la comtesse ressemble à Palladine de manière vague, sans âge, momifiée, desséchée, boucanée. Grâce à l'arcane d'inaltérable vieillesse, elle rajeunit tous les quarante-six ans. Revient à quarante-six. Cette mue vient d'avoir lieu. Cela s'est passé quelque temps avant l'entrée de Marghetta dans le palazzo et le réveil d'Arnaldo.

Aie ces choses à l'esprit. Je passe au deuxième acte.

*

Maintenant qu'Arnaldo s'est réveillé, Pallade s'inquiète. Malgré son mariage avec Maura, le jeune prince peut encore nuire : il possède le troisième arcane de Saint-Arnaud. Le grand-père a confié à son petit-fils l'arcane de la jeunesse, l'arcane du commencement. Alors que Pallade ne possède, elle, que le recommencement du grand âge. Arnaldo l'ignore, pour l'instant : il ne sait pas quel trésor il possède. Mais, un jour, ses yeux s'ouvriront... Maura, sa fausse épouse, ne l'abusera plus. Il s'éveillera pour de bon. Il voudra récupérer les deux autres dons, reprendre le bien de Saint-Arnaud : le pouvoir de la fortune et celui de l'inaltérable vieillesse.

Or, Pallade le sait : le fantôme de Saint-Arnaud hante Venise. La partie n'est pas gagnée. L'ombre du marquis français rôde autour d'Arnaldo. Il faut le combattre. La comtesse se tourne vers Barbaros.

Le Maure, vois-tu, est à la fois bon à tout et propre à rien. Quelque chose comme ce misérable bâtard de Mestchersky, le Slava, celui qui se prétend comte – tout juste un comte de Jubelzeit ; quelque chose comme ce pseudo-baron Klugo que notre mécène, Boris Bartovitch, a logé de l'autre côté du jardin. Figure-toi l'un de ces chevaux de retour lustrés à grands frais qui tournent de plus en plus autour de Bob, de l'aspirant Fermor et de ses amis. Tu vois le genre.

Fais du Maure un nécromant. Fais-en un alchimiste, un homme aux philtres. Il fabrique pour Pallade des élixirs. C'est par une drogue que le Maure a endormi la conscience d'Arnaldo et lui a fait épouser la vulgaire Maura. C'est par une drogue qu'il espère récupérer l'arcane.

Bientôt, usant de la magie noire et des illusions d'on ne sait quels breuvages, Barbaros fabrique un automate, un mannequin d'or destiné à prendre au piège Arnaldo lors des bûchers qui ponctuent la fête de la Saint-Jean. Cet automate est un beau jeune homme. Il ressemble plus au prince que le prince lui-même, portrait idéal. Par ce beau jeune double, pourtant, le prince sera tué. Empoisonné. Oui, brisé dès qu'il s'en approchera, fasciné par son propre reflet.

Enfin, le Maure – imposteur et vantard – prétend mettre au point l'élixir des élixirs. Il distille les merveilleux secrets de l'enfance et de la jeunesse afin d'offrir à la momie Pallade un arcane qui surpassera les autres, y compris ceux de Saint-Arnaud. Ce sera l'élixir des anges rieurs. Pallade retrouvera ses vingt-trois ans. Du moins, c'est ce qu'il raconte.

Un imprévu trouble leurs plans.

Comme toujours dans nos vieux récits, une calamité frappe la ville parce qu'un crime a été commis et parce que ce crime n'est pas dénoncé, ni le coupable châtié. La calamité c'est le choléra. Je t'assure, Modest, qu'il faut en effet craindre le choléra ici à Venise autant qu'à Saint-Pétersbourg. Dans cette lagune-ci comme dans celle du Nord, l'eau est bien jolie grâce aux reflets du ciel et des palais. Mais il s'agit d'une eau morte.

La cour et le prince Arnaldo s'inquiètent de l'épidémie. Ils s'interrogent, cherchent à comprendre les signes. Bien sûr, nous savons, nous, que le Ciel punit ce mariage d'imposture. La méprisable Maura et son Barbaros de père plastronnent tandis que la fiancée légitime, Marghetta, l'épouse promise, vivote comme petite servante, misérable Cendrille au service de son ancienne esclave, la diablesse de Nubie. Les gens de Venise, toutefois, ignorent la substitution. Encore un cygne noir au lieu du cygne blanc. Ils croient le prince Arnaldo responsable de la peste, car il est toujours sans enfant. Le bruit court que l'union n'est pas consommée. Barbaros ne manque jamais d'y faire allusion.

— Le prince, explique-t-il, se délecte de rêves secrets, de songeries bizarres. Il nous cache quelque chose.

Ici, je voudrais un solo où Maura vante ses ardeurs et dise haineusement ses désirs inassouvis. Insinuante puis inquiétante, elle menace de révéler à la cour sa disgrâce, son humiliation de femme négligée, les silences du prince honteux. Malgré toute sa bassesse, je comprends la fureur de Maura, son corps hurlant la frustration. Je composerai un air suggestif. Tu devras en soigner le texte afin d'éviter le mauvais goût que ces hypocrites me reprochent toujours, comme s'ils n'avaient pas eux aussi leur jardin secret de tentations moroses et de délectations répugnantes.

Sur le conseil de Barbaros, son père, Maura proclame que le Ciel demande justice. Le prince Arnoldo doit expier. Il fera le pèlerinage de Samarcande, de Kiev et de Byzance. S'il triomphe de l'aventure, il retrouvera sa force et Venise sa vigueur. Le père et la fille comptent bien qu'Arnaldo meure dès la première épreuve.

Au jour du départ, le prince dit aux deux femmes qu'il leur rapportera des présents pour récompenser de la longue veille qu'elles firent du temps qu'il n'était qu'un Sieur mort. Qu'attendent-elles en récompense ? Maura exige des somptueux tissus de Samarcande, des pierreries de Kiev et des onguents de Byzance. Marghetta, sombrement, souhaite trois dons : une bougie noire de Samarcande, une pierre à feu de Kiev, un couteau de Byzance.

Le temps du voyage a passé. À la stupeur des méchants, Arnaldo revient, protégé dans toutes les épreuves par le marquis. L'action reprend dans la salle du trône lorsque la cour fête le retour d'Arnaldo. Nous en sommes donc à ce qui sera le troisième et dernier acte.

Les réjouissances commencent par un ballet.

Le prince a ramené de son périple des danseurs, des musiciens, des jongleurs et des marchands. On représente des scènes de Byzance, de Kiev et de Samarcande.

Le prince conclut la fête en offrant à chacun des présents.

Maura reçoit les onguents, les pierreries, les tissus. Marghetta reçoit le couteau, la pierre à feu, la bougie noire. Maura se moque de Marghetta : la Cendrille n'a demandé et reçu que de misérables cadeaux. Rien qui puisse se comparer aux présents donnés à Maura.

Marghetta s'enfuit sous les moqueries de la cour. Elle disparaît, alors que Maura gratifie son époux d'un air et d'une danse nubiens.

Assis sur son fauteuil, le prince souffre du spectacle. Il pâlit. Il manque de se trouver mal devant Maura, devant l'exaltation femelle.

[Souviens-toi, Modest, ce jour où cette folle d'A.I., mon épouse, avait revêtu une sorte de chemise de nuit, un peignoir de combat, prenant d'assaut ma chambre ; voulant me contraindre à cet épouvantable devoir conjugal qui l'obsédait. Ses parfums écœurants, sa poitrine qu'elle faisait pigeonner, ses jambes qu'elle exhibait. Je me suis enfui. J'ai voulu mourir. Arnaldo est dans le même état que le mien lorsque A.I. a commencé de se trémousser sous ses dentelles ; dans l'état où je me trouvais en embrassant A.I. durant la bénédiction, à l'église.]

Maura se déchaîne, révulse le prince.

Tandis que tous admirent la fille de Barbaros puis se mêlent à sa danse, le Marquis fantôme se penche du portrait vers Arnaldo. Il murmure, invisible aux autres : « Il est temps, mon fils, lève-toi, cours dans la chambre de Marghetta, sauve-la. »

Réfugiée dans sa soupente, en effet, la jeune fille allume la bougie noire de Samarcande avec la pierre à feu de Kiev et la pose sur la table. Elle saisit le couteau de Byzance, le plante dans le bois – puis s'agenouille devant lui.

Arnaldo survient à ce moment. Se glisse dans l'ombre de la porte.

Marghetta demande :

— Couteau, couteau, te souviens-tu qu'une vieille gitane m'a maudite au marché de la Saint-Jean. Jamais, disait-elle, je n'aurais d'époux sinon le Sieur mort ?

— Belle, je m'en souviens.

— Couteau, couteau, te souviens-tu de mon attente, un an, trois mois et quatre jours ?

— Belle, je m'en souviens.

— Couteau, couteau, te souviens-tu que l'esclave Maura prit ma place et me laissa dormir au-delà de minuit ?

— Belle, je m'en souviens.

— Couteau, couteau, à qui donc revenait le prince ?

— Belle, ma très belle, c'est à toi qu'il devait revenir.

— Alors, couteau, sors de cette table. Plante-toi dans mon cœur.

Au moment où le couteau s'extrait du bois et s'élève au-dessus de la table, Arnaldo bondit :

— Tu es la véritable épouse, mon épouse très aimée !

Ils s'étreignent.

Marghetta lui révèle les manigances de Maura, l'opiniâtreté de Pallade, les répugnantes expériences du Maure – ses élixirs de longue vie, ses philtres. Arnaldo l'embrasse encore :

— Reste ici, cachée. Je vais tous les confondre, la fausse régente, le sorcier.

Dans le couloir, cependant, on reconnaît la silhouette de Barbaros. Il les a surpris. Il médite leur perte. À peine le prince est-il sorti que le janissaire se glisse dans la chambre, bâillonne Marghetta puis la ligote.

Arnaldo, pendant ce temps, se rend chez Pallade.

Il l'affirme : il répudie Maura, il épousera Marghetta. La vieille comtesse, assise, immobile, feint d'être immensément lasse. Elle tourne ses pouces, comme si elle n'entendait pas. Ses regards, toutefois, trahissent le tigre prêt à bondir. Arnaldo perd peu à peu son assurance. Ses arguments se défont. Il se tait.

— Tu as tout dit ?

Arnaldo ne répond maladroitement qu'un « oui ».

Exagérant son âge et ses infirmités, Pallade tarde à reprendre la parole. Puis :

— Tant que je vivrai, rien ne changera. Tant que je vivrai, Maura sera ta femme. Telle est la règle de notre Maison. Tout est en ordre, tout le restera. C'est toi qui es fait pour Venise, pas Venise pour toi.

À ce moment le Marquis fantôme apparaît, près d'Arnaldo. Pallade ne peut le voir. Arnaldo l'entend, désemparé.

Le fantôme :

— Mon fils, suis enfin mon conseil ! Désobéis. Rejette Pallade. Reprends-lui ce qu'elle m'a volé, les deux secrets. Elle mourra. Tu seras libre.

Arnaldo :

— Une force énorme me repousse, me terrasse. Tout m'interdit de faire mourir Pallade. Elle m'a élevé, tout me vient d'elle. Non c'est à moi de me sacrifier afin que Marghetta vive.

Pallade :

— Je ne changerai rien, Arnaldo. C'est mon ordre, l'ordre de Venise. Défie-toi de l'amour. Écoute le pouvoir. L'amour ne libère pas. Seul le pouvoir rend libre. Libre par l'obéissance. L'obéissance est le fondement du pouvoir. L'amour se fonde sur la désobéissance et se conclut par la trahison. Cesse, maintenant ; cesse les soupirs : voici venue l'heure des masques et des feux de la Saint-Jean. Tu dois te rendre à la fête. Tu dois y tenir ta place, la première, comme l'exigent ta charge et ton rang.

Maura surgit devant eux.

Sa beauté de flamme noire, lunaire, est toujours celle d'un oiseau de nuit. La Nubienne dit que Marghetta, la mauvaise servante, a disparu et qu'elle, Maura, pourra donc se rendre à la Saint-Jean, triomphante. Elle prend aussitôt le bras du jeune prince pour former le cortège qui se dirige vers le parvis du palais, près du Grand Canal.

La nuit commence. La lune, les flambeaux, les lanternes, toutes sortes de lumières. La foule de Venise, costumes du carnaval d'été.

Sur l'estrade : les fauteuils d'Arnaldo et de Maura. En retrait, la duchesse Pallade. Couvert d'un voile : le mannequin de l'année, œuvre de Barbaros.

Arnaldo a chaud. Il s'inquiète. Plusieurs cas de choléra se sont déclarés. Tout en cherchant du regard Marghetta, il voit dans la foule des hommes et des femmes pris de malaise, dissimulés par les masques ou les maquillages. Sans tarder, Barbaros dévoile avec emphase le mannequin. On reconnaît le garçon d'or qui se trouvait dans son laboratoire. Le visage, la stature et la pose du simulacre sont ceux d'Arnaldo.

— Un prodige, messeigneurs, entièrement fait de main d'homme, entièrement animé d'artifices nouveaux.

Il frappe d'une baguette le mannequin :

— Y compris l'âme, messeigneurs. Y compris l'âme illusoire. Je lui ai fabriqué une âme.

Au contact de la baguette, le mannequin fait les gestes gracieux d'un salut. Ses lèvres bougent, sa voix s'élève.

Arnaldo, fasciné, marche vers son double : leurs voix se répondent. Le prince pleure et rit. Le chant du prince et celui du mannequin s'enlacent jusqu'à ce que, bientôt, ne résistant plus, Arnaldo prenne le mannequin dans ses bras.

Maura s'indigne :

— Voyez ma honte, messeigneurs !

Barbaros gronde : Honte épouvantable ! La foule hésite : des lazzis, des vivats, des huées, des bravos. « Carnaval, carnaval ! » Pallade se tait, tourne ses pouces, puis saisit d'une poigne de fer les mufles de lion sculptés qui, à droite et à gauche, ornent les accoudoirs.

— Tous, je les tiens. Tous, je les lie.

Maura, trop occupée de sa colère, et Barbaros, trop vaniteux, n'entendent pas sa joie lugubre. Le mannequin s'agite. Il repousse Arnaldo, le repousse encore, désespérément : Va-t'en, ne t'approche pas, sauve-toi !

Arnaldo tombe à genoux, supplie le mannequin.

Barbaros se dandine ; il imite Arnaldo comme cet affreux Klugo m'imitait. Il feint de manière grotesque le désespoir du prince. Il brandit un miroir qu'il passe devant le visage du mannequin pour le tendre aussitôt devant le visage d'Arnaldo :

— Vénitiens, votre maître n'est qu'un reflet !

Maura prend la foule à témoin :

— Le prince Arnaldo n'a jamais été qu'un Sieur mort. Il gît dans le sein de la mort. Il n'a jamais revu le jour depuis l'enchantement. Entendez, Vénitiens !, je n'ai jamais eu dans mes bras qu'une chimère.

La ville gronde. Effroyable surprise, scandale, imposture, déshonneur. Sacrilège !

Sur un geste de Pallade, ils se taisent. Rien ne bouge.

— Reprenez votre place, malheureux prince. Vous autres, faites silence. Que tout rendre dans l'ordre. Que la fête se poursuive selon l'usage. Venise, une fois de plus, sera guérie de ses maux : l'air sera purifié, l'eau assainie et le noir choléra redescendra dans ses fosses. Priez !

La foule s'agenouille :

— Intercède pour nous, bonne mère.

— Pour que soit régénérée la ville, les anciens plaçaient sur le bûcher un condamné qu'ils brûlaient dans la cage d'osier. J'ai répudié ces mœurs. La lagune, bienveillante et bénigne, ne demande désormais qu'un simple mannequin. Cette année encore plaçons dans la cage de paille le semblant d'homme sur qui retombent nos fautes. Qu'on y loge ce funeste mannequin d'or.

La rage et l'émeute se muent en grand bal et farandole.

Aux quatre coins de la lagune, on dresse des bûchers dominés par de fantasques figures d'osier. Sur les barques et gondoles naviguent masques vivants et mannequins inertes. Le bûcher qui commande les autres bûchers, le bûcher principal est celui du mannequin d'or.

Barbaros et Maura y jettent un brandon.

Un chant douloureux s'élève puis se perd dans les flammes, devenu chant d'amour. Marghetta expire, libérée du maléfice et de l'armure où l'avait emprisonnée le Maure. Ce sera très différent de ce que j'avais fait dans *La Pucelle d'Orléans*. Souviens-toi : la scène où l'on ôte l'armure de Jeanne qu'on pensait être un Jean, et qu'on découvre jeune fille. Différent aussi de la scène du bûcher.

Maura éclate de rire. Elle donne le bras à Barbaros pour la tarentelle. Le prince Arnaldo, retombé sous je joug, hébété, ne peut se détacher du spectacle des flammes. Pallade contemple le carnaval, les quais et les palais. Tout se déroule selon l'usage. Elle règne.

La tarentelle se déploie.

À l'instant où la danse s'achève, un geste de Pallade fige la ville, l'eau et jusqu'aux feux du ciel. L'insatiable momie se tourne vers Arnaldo : « Suis-moi. Faisons notre office. »

La vieille régente et le prince s'approchent du bûcher.

Pallade, d'un geste, exige d'Arnaldo la pierre à feu. Le prince la lui donne. Maura la Nubienne tombe morte.

Pallade exige le couteau. Le prince va le lui donner quand celui-ci, de lui-même, s'échappe, se plante dans le cœur de Barbaros qui s'effondre sur le corps de sa fille Maura.

Pallade exige la bougie noire.

[Et moi, cher Modest, je lance ici, une dernière fois, ma fanfare, le fatum : quatre cors, deux bassons.]

Arnaldo sort la bougie de son pourpoint. Il l'allume aux braises du bûcher, contemple la flamme. En fixant Pallade, il souffle. La flamme s'éteint. Arnaldo vieillit de cent années. Le jeune prince de Venise, redevenu hors d'âge, disparaît, cendres parmi les cendres de Marghetta, sa bien-aimée. Mais son image, elle, s'élève ; rejoint celle de la jeune fille.

[Nous redevenons poussière lorsque nous quittons le temps suspendu de notre enfance merveilleuse pour entrer dans le temps des adultes. Peut-être n'aimais-je que cette enfance en Bobik, avant qu'apparaisse le Bob aux plaisirs fébriles qu'il devint au Jubelzeit. N'en serait-il pas ainsi pour toi, Modest, avec ton Kolia ? Il n'est plus le petit Kolia Konradi sourd et muet qu'on te confia, reclus dans le royaume de son enfance où tu vins lui porter la magie du langage, des gestes et des signes, mais un pupille querelleur, un Nikolaï ingrat qui te mesure ses faveurs et son argent avec les coquetteries d'une femme entretenue.

Ainsi notre enfance s'échappera-t-elle de la poussière dont nous l'avons couverte pour rejoindre, au-delà des von Meck, l'enfance de ceux que nous aimons. Ce serait ainsi, Modest, que nous vivrions : réconciliés, enfance avec enfance, comme Arnaldo et Marghetta passés à travers le feu.]

> Voyant les cendres d'Arnaldo se perdre parmi celles de Marghetta, Pallade pense avoir gagné. Prestement, elle se penche pour saisir la bougie. Le Marquis fantôme, plus rapide, surgit. Il prend la bougie. Il disparaît en riant. La Pallade restera vieille, immortelle et maîtresse solitaire de Venise. Elle ne rajeunira plus. Il n'y aura plus, pour elle, de commencements ou de recommencements. Elle sera la Vieille dans Venise défunte.

Les vieux souffrent davantage.

*

POST-SCRIPTUM :

Un souvenir me revient de mes débuts, Modest. Mes premières leçons d'harmonie avec Nicolaï Zaremba. C'était à la

Société musicale de Pétersbourg. J'avais vingt et un ans, je finissais d'apprendre le métier mais je travaillais encore au ministère de la Justice. Zaremba me traitait de dilettante. Il savait très bien que je ne pouvais consacrer tout mon temps à l'étude : j'étais fonctionnaire.

« La musique est inflexible, Piotr Ilitch. Elle ne supporte pas les rêveurs. Vous êtes un rêveur. Dans vos devoirs vous ne traitez jamais le sujet ; vous faites semblant de le traiter, ça ressemble au sujet mais c'est hors sujet. La musique est une science divine et comme telle parfaitement réglée. Une volonté, pas un état d'âme. Un Conservatoire est un laboratoire, pas une nuit de lune.

Combien de fois devrais-je vous le dire ? Dans la science-musique, il y a la chimie-harmonie et la physique-contrepoint. Quand je vous demande de la chimie, vous me faites de la physique. Quand je vous demande de la physique, vous me rendez de la chimie. Dans quel monde vivez-vous ? Vous êtes intrinsèquement hors sujet ! Réveillez-vous, mon garçon, réveillez-vous. »

Je crains que mon *Mannequin d'or* lui donne raison : l'opéra est un ballet, le ballet un opéra, mes ouvertures des symphonies, mes symphonies des rhapsodies. Plutôt que de me contraindre pour remédier à ce défaut, je ferai ici du « hors sujet » ma loi.

J'ai déjà réalisé quelques esquisses. Tu verras, j'ai poussé loin le bouchon. Zaremba va se retourner dans la tombe.

Il me reprochait de toujours « céder à la pente des fausses relations ». Une fausse relation, en musique, cela consiste à unir deux notes presque semblables, donc sournoisement dissemblables, comme on juxtaposerait un visage à son reflet déformé.

« Vos accords ne s'allient pas, ils se frottent et s'opposent : vos aimants se repoussent au lieu de s'attirer ! Des aimants non amants, vous n'irez pas loin... »

Il me tendait le devoir du jour, brandissait mes feuillets.

« Dans un enchaînement d'accords la fausse relation est interdite, Piotr Ilitch : in-ter-dite ! Elle produit une impression désagréable. Ou bien, faites du plain-chant, des chœurs de moines, des cantiques d'église. À la Laure de Kiev et dans les monastères, ils s'en fichent des fausses relations. Ils se fichent de la science et du progrès. Ils ignorent Bach qui est la science et Beethoven qui est le progrès. »

J'ai donc mis au point, pour évoquer Venise, un système de fausses relations. Volontairement. Je persécute Zaremba.

La ville de la mort. Quatre cors, deux bassons. La matrice de ces fausses relations se trouve dans une harmonie monstre encore informe, un conglomérat comme l'est toute musique avant de devenir musique. Le faux couple du Marquis fantôme et de la comtesse Pallade s'extrait de ce conglomérat sans vraiment s'en extraire : ils sont la matrice de toutes les fausses relations. Tous les personnages du *Mannequin d'or* en sont marqués, par contagion. Une harmonie malade. Un vrai choléra.

Ton P. Tch.

# 4

SI L'ON EN CROIT LE RAPPORT DE LUIGI, Tchaïkovski achève l'argument du *Mannequin d'or* vers midi et demi, au terme de sa quatrième matinée vénitienne, juste avant le déjeuner. Le jeune homme est venu seul porter le plateau. La femme de chambre, cette fois, ne l'accompagne pas. Les derniers mots du manuscrit brillent encore et sèchent : … *Une harmonie malade. Un vrai choléra.*

Luigi dépose le plateau sur le guéridon ; de ses yeux noirs regarde Piotr Ilitch avec gentillesse. Le Russe se tient à son bureau, fume, relit le feuillet juste écrit ; ne se maîtrise pas suffisamment pour cacher qu'il se sait regardé.

— Vous travaillez depuis près de deux jours, maestro.

Le Russe se lève :

— Si je ne travaillais pas je serais dangereux. Chacune de mes œuvres m'évite d'attaquer. Vous avez tort de sourire. Vous ignorez.

Il se contient.

Que saurait-il du Z, cette fièvre plus forte que la conscience et la volonté ? Qui le sait sauf toi, Modest ? confie-t-il quelques heures plus tard à son jeune frère. Nous, les deux bougres, nous nous comprenons. En cela nous sommes jumeaux. Les frères Bougritch. Les *Antifisikski,* dirait Apoukhtine. Voici Bougrine Ilitch et Bougrone Ilitch Antifisikski.

Travailler conjure le mal. Travailler repousse ce qui monte et se cache derrière la rancœur. La rancœur du désir inassouvi. Chaque pièce que j'ai composée me détourne d'un crime. Comme l'ange qui, au dernier moment, retient le bras d'Abraham prêt à égorger Isaac : un bouc paraît et remplace l'enfant. Je tue en moi le bouc, j'épargne l'enfant. Mais le bouc revient à la charge.

La haine que je me porte nourrit une haine plus intense encore à l'égard de ceux qui prennent leur plaisir. Une haine envieuse. C'est un effet de l'âge, de ma vigueur désormais incertaine, de cette inutile virginité que je m'impose en l'honneur de celui que j'aime – sacrifice auquel il n'y eut que si peu d'hypocrites exceptions, furtives, nulles. Fougue dérisoire, pitoyable manie : ridicule de se contenir, ridicule de succomber.

Voilà pourquoi ma musique écœure ce musicien français du Café de la Paix. Il a senti que les cadavres s'y cachent – mes programmes. Ce cor, cette trompette, cette guimauve des flûtes, cette éructation basse du contre-tuba puent la vengeance, le désir de nuire, de tuer. Tant j'en veux au bonheur, tant je le jalouse.

Je t'écris de Venise, où je loge quelques jours chez un admirateur dont un émissaire m'a joint à Paris. Peut-être un nouveau mécène, un successeur de la veuve Rapiat ?

J'ai travaillé ici sur un opéra-ballet, *Le Mannequin d'or* : les principaux thèmes et l'argument. Je t'envoie l'argument. Il me faut des airs et des récitatifs. Lis déjà mon texte, nous en reparlerons.

L'affaire se conclut mal. Le héros est un malheureux gamin. Imagine un fils de la von Meck qui défierait la despotique poule pondeuse au centre de son salon. Il s'appelle Arnaldo, je l'ai trouvé dans un conte. Un Bel au bois dormant. Il attend sa princesse Charmante, l'Ondine Marghetta qui a l'âge où l'on est des deux sexes. Une sorcière richissime veut contraindre mon prince à épouser une négresse au lieu de la ravissante Ondine. À la fin, cet Arnaldo se suicide pour rejoindre l'Ondine et laisse la von Meck sur son tas d'or.

Je suis à la peine pour la scène où le prince Arnaldo tente d'affronter Pallade, de s'opposer à la Vieille. Comme moi, il perd ses moyens dans les disputes. S'il te plaît, invente quelque chose. Je n'ai pu m'insurger contre la von Meck. Je n'ai jamais pu m'insurger. Quand ma femme, l'Antonina Ivanovna, faisait ses colères démentielles j'en arrivais presque à lui demander pardon. Même devant cette détraquée je prenais la tangente. Elle exigeait que je fasse mon devoir conjugal. J'ai fui de Moscou jusqu'en Suisse, tu t'en souviens. J'étais prêt à me suicider plutôt que de lui dire : rompons. Je disparaissais. Elle restait dans mes meubles, elle restait propriétaire de mes œuvres. La veuve Tchaïkovski.

Je prévois ton reproche : un ballet, me répéteras-tu, dois toujours se finir bien. J'y ai pensé. Je puis conclure d'une autre manière.

Par exemple : je garde la même trame, mais le postlude montrerait que tout ce que nous avons vu n'est qu'un rêve d'Arnaldo encore endormi. Le prince a bien eu le temps de rêver durant les cent années que lui vaut le sortilège de la duchesse Pluton la Ploutocrate ! À son rêve – qui est l'histoire du *Mannequin d'or* – met fin le baiser de Marghetta. Il la croyait emportée par les flammes, mais elle est là, dans le palais endormi. Elle ne s'est pas laissé supplanter par Maura. L'horrible histoire ne fut qu'un songe. Marghetta emporte son prince sur sa cavale blanche et ils disparaissent vers le pays où l'on aime toujours, loin de Venise. Ils quittent à jamais la ville de la mort.

Luigi se tient à côté du guéridon. Son pantalon le flatte. Il se détache des murs tendus de velours amande. Un lavis, derrière lui, montre un homme vêtu pour Carnaval en génie des Mille et Une nuits – celui qui sort de la lampe pour accomplir tous les vœux. Malgré les efforts de l'artiste, le Génie est petit, plutôt bedonnant, avec un pince-nez de corne, presque un commis aux écritures. *Peut-être un portrait de Barparoz,* écrit Piotr Ilitch dans un brouillon jeté.

Tchaïkovski n'a pas quitté le bureau de marqueterie dont je suis maintenant l'héritier, un siècle plus tard, après avoir lu ses brouillons et ses lettres qu'il n'envoya jamais. Dehors, derrière les voilages, grand beau temps sur l'embouchure du rio del Val. On fermera bientôt les volets intérieurs pour éviter le soleil.

— Il y a bal, ce soir, maestro, dit Luigi. La Saint-Jean. Votre costume vous attend.

— J'aurais tant aimé représenter le Marquis français. Est-ce vraiment impossible ? Voici le seul personnage qui dame le pion de la momie.

— La momie ? Que voulez-vous dire ? Je ne comprends pas, maestro. En tout cas, le docteur Barparoz se réserve l'habit du *marchese*. Aucune discussion possible. Pour les tenues, je vous l'ai dit : les pùpoli vous choisissent, non l'inverse. Vous ferez honneur au costume de Mandolin, le maître de musique. Il vous a élu d'emblée.

— Vous serez au bal, Luigi ?

— Pour vous servir, maestro.

— Et quel pùpolo vous a donc choisi ?

Luigi fait la moue :

— Giglo, comme d'habitude. C'est toujours Giglo qui se présente et me choisit. Le laquais dans son mauvais rôle, l'ambigu. Je ne mérite pas mieux, n'est-ce pas ?

Il accompagne sa phrase d'un regard. Le Russe l'ignore.

Piotr Ilitch se fait apporter le café dans le jardin.

Il s'est assis, cette fois, dans un salon de verdure près de l'aile des Frati, un renfoncement, là où la remise aux vaporettos fait écran. Il a pris dans sa chambre le dernier volume de *l'Histoire de l'art dans l'Antiquité* du bibliothécaire des archives vaticanes, le scriptor Winckelmann : l'édition allemande du XVIII$^{e}$ siècle. Il lit sous la tonnelle. De sa loggia, le baron Klugo ne peut voir le Russe, ni le moquer, l'importuner.

Le soleil brille sur les rigoles du carré fleuri. Le chenal venu du rio del Val forme, après la voûte d'entrée du palazzo, un méandre dans le jardin. Large comme une allée, celui-ci s'achève sous la remise. Une dérivation s'enroule ensuite dans l'un des angles du labyrinthe à la façon d'un nautile, toujours plus étroite. Elle se referme sur le rocher moussu à quelques pas du musicien. L'eau s'écoule. Des roses trémières blanches, rouges et couleur de dragée s'élancent des interstices entre les dalles et le mur de vigne vierge.

Un froissement de soie lui fait lever les yeux : Monsieur le Professeur ? C'est Lorella Marga. Une robe bleue – pervenche ?

lavande ? Cela sied à ses yeux, dont le vif-argent passe à l'outremer. Elle pose son ombrelle rouge à côté de la chaise, comme est rouge l'étoffe qui souligne sa taille et la coupe gracieuse du corsage. Elle s'assied.

— Vous avez rencontré Trajane à la poste, l'autre jour, pendant que je chantais. Elle me l'a dit. Elle est toujours fourrée par là. Depuis qu'elle vous a vu dans le jardin, la première fois, elle vous espionne. Elle espionne tous ceux qui me sont chers afin d'étendre autour de moi sa toile.

— Elle n'a rien trouvé me concernant, c'est certain. J'ai décidé à l'improviste ce séjour à Venise. Mon courrier m'attend au Tyrol où je fais étape, bientôt, chez une pianiste qui m'est chère. Si je postais quelque chose, je doute que votre amie déchiffre l'écriture cyrillique – pas plus que votre ami, le baron, dont Mme Trajane m'a dit qu'il serait un peu balte. Je connais moi-même un jeune officier balte, l'aspirant.

S'interrompt.

— Pardonnez ce détour, chère amie. Une fausse relation, disait le vieux Zaremba. Vous avez dû connaître Zaremba. Il enseignait au conservatoire de Pétersbourg. Non, vous êtes si jeune. Quoi qu'il en soit, nous en étions donc aux langues étrangères.

— À l'écriture cyrillique, monsieur le Professeur.

— En effet, les Russes se protègent du monde latin par l'écriture. Enfant, j'écrivais bien le français ; je crois encore l'écrire correctement. Si Mme Trajane souhaite lire mes lettres, j'écrirais en français ou même en allemand, qui est moins bon, afin qu'elle nourrisse la rumeur. Il faudra me dire quel genre de vices le baron Klugo veut découvrir chez moi.

Lorella pose sa main sur l'avant-bras de Piotr Ilitch :

— Interrogez Trajane. Elle s'est faite ma meilleure amie. La *meilleure amie* est l'un des secrets féminins les plus fermés aux hommes, la vampire dont nous ne pouvons pas plus nous passer que de notre ombre. Elle s'institue Madame Bons-offices, l'intermédiaire obligé. Certaines personnes veulent à toute force nous rendre des services dont nous n'avons pas besoin. Elle renseigne Klugo puisqu'il peint mon portrait. Elle me tient ainsi sous son regard, pense-t-elle, en se glissant dans les yeux de qui me regarde. Elle encercle. Klugo ne fait pas autre chose. Il s'intéresse à vous, lui aussi. Il estime devoir connaître ce qui nous lie, vous et moi, pour mieux me peindre. Selon son habitude, Trajane y met son grain de sel.

Elle rit :

— Je suscite chez mes admirateurs la passion de se saisir du secret de mon âme. Bien malgré moi. Je ne le connais pas moi-même, le secret. Ils me confondent avec mes rôles, avec ma voix : Marguerite, Manon, Tatiana... Trois femmes en une femme. Voire quatre, cinq, six femmes en une femme. Je ne suis pas seulement Tatiana, mais l'idée qu'ils se font de Tatiana par la grâce de votre musique. C'est à se demander qui je suis. Hélène de Troie ? L'Éternel féminin ! La Vierge Marie, tant qu'on y est ? Trajane embrouille tout ce qui me touche.

Plus grave :

— Klugo s'est montré détestable à votre égard, l'autre jour. Un effet de Madame Grain de sel qui l'a rendu jaloux. Jaloux de vous. Il redoute que vous ayez trouvé, vous, avec Tatiana, ce fameux secret, mon secret.

> Pourquoi ce Balte fouille-t-il de mon côté ? griffonne bientôt Piotr Ilitch. Peut-il me lire ? Les élites baltes lisent le russe. L'alphabet latin et le cyrillique se brouillent l'un l'autre, comme les traits de Mestchersky sous ceux de Klugo. Le petit aspirant Fermor est balte, avec de longs cils. Mantelvalg-Fermor. Des militaires estoniens et suédois, Mantelvalg. Un mariage écossais, Fermor. Quel mélange ! Peut-être ce mélange le rend-il si charmant... Mais pourquoi la ronde des Baltes ? Je n'ai jamais tant entendu parler de Baltes.

— N'ayez crainte, monsieur le Professeur. Je lui ai dit la très grande estime dans laquelle je vous tiens. Cette estime, très peu d'autres me l'inspirent.

— Si vous ouvriez ma porte de service... Dans mes placards sont des cadavres aussi funestes que ceux de la penderie du cruel Barbe Bleue. Si votre amie Trajane déchiffrait mes paperasses, vous seriez édifiée.

Lorella, brusque :

— Une penderie bourrée de turpitudes, c'est humain. Combien de cadavres Hélène a-t-elle semés sous les murs de Troie ? Je préfère cela. La Galerie des glaces, voilà l'inhumain. Je la déteste. Ne faites pas de façons, monsieur le Professeur. Vous êtes estimable, comme mes cheveux sont noirs, comme le cyclope est borgne et comme un chat s'appelle un chat.

— Pensez-vous que l'on vide bien les corbeilles ici ? Qu'on les scelle sitôt remplies puis qu'on les brûle, comme l'affirme Luigi ? Votre amie lit-elle aussi les brouillons ou seulement les lettres ?

— Mes lettres, je crois. Je les écris d'ailleurs toujours en supposant l'œil de l'indiscret. Habitude prise lorsque j'ai compris que certains admirateurs faisaient parade de ma correspondance. Montraient mes lettres. Toujours l'exclusivité. La déesse n'appartient qu'à eux. Ils se vantent : « Voyez, elle m'écrit. » Il arrive même qu'on vende mes cartes de visite ou mes remerciements griffonnés sur les livres d'or. Des écrivains, m'a-t-on dit, fabriquent des brouillons de leurs textes les plus fameux pour arrondir les fins de mois. Je n'imaginais pas qu'on s'intéresse aux billets d'une chanteuse. Tout cela pour ma tournure, mon chignon, ma nuque et mes yeux. Ah, mes yeux...

La cloche de Santa Murgana. Quatre heures moins le quart. Lorella poursuit :

— Si mes cheveux sont noirs, que dites-vous de mes yeux ? Certains les voient gris, d'autres dorés, argentés, bleus.

— Chez Pouchkine les yeux de Tatiana sont gris et ses cheveux bruns. Peut-être la musique a-t-elle ce pouvoir de donner aux yeux sa couleur propre qui, dans mon opéra, lorsque vous chantez, doit être votre bleu.

Il regarde le ciel à travers la tonnelle. En haut du palazzo, une frise de créneaux taillés comme des fibules court le long du toit. Avec gêne, d'une voix presque oppressée :

— Ce M. Klugo est-il en affaires avec le prince Mestchersky ? Il m'a semblé que.

S'embarrasse, ne va pas plus loin. Marga réfléchit :

— Le prince Vladimir Petrovitch ? Le propriétaire du *Citoyen* ? Je connais son journal et le fameux *Bloc-notes*. Vous savez ? Le bloc notes du Dilettante, les indiscrétions, etc. Peut-être ai-je croisé le prince, peut-être avons-nous causé de tout et de rien. Je n'en ai pas souvenir. Néanmoins, il a pu rencontrer Klugo lors des Salons. Klugo cherche des mécènes.

— Mais l'autre Mestchersky, Slava, le Dilettante ? Votre ami Klugo peut lui avoir parlé. De son vrai nom Manouilov. Il tire les vers du nez, c'est son art. Un ver lui-même. Méprisable. Fréquentez le moins possible ces gens. Ne leur parlez pas, ne parlez de rien.

Piotr Ilitch s'embrouille :

— Car, voyez-vous, il se trouve qu'à Hambourg, lorsque vous avez chanté Tatiana. En janvier, l'an dernier. À Hambourg, les deux Mestchersky, m'a dit votre amie, Mme Trajane, les deux Mestchersky ont beaucoup bavardé de vous, de moi. Qu'a pu dire Klugo ?

— Klugo et moi ne nous étions pas encore rencontrés lors du souper d'*Onéguine*. S'il me connaissait seulement pour m'avoir entendue, il n'a pu que répéter au Dilettante ce que celui-ci racontait déjà. Ces fantaisies, chaque journal les recopie sur l'autre.

*Elle n'a pas compris*, écrit Piotr Ilitch. *Je ne voulais pas savoir ce que Klugo disait d'elle. Je voulais savoir ce que Klugo pouvait dire de moi au prince et à Manouilov, le neveu postiche. Mais j'ai feint de suivre le fil des pensées de Lorella. Je ne voulais pas, vois-tu, éveiller son attention, lui faire soupçonner combien je craignais ce Klugo, les racontars baltes.*

— Je vous pensais proche depuis longtemps du baron Klugo.

— Nous avons fait connaissance il y a six mois, bien après les représentations de Hambourg. C'était lors d'un bal masqué chez un ami de Trajane en Estonie, à Réval. Trajane a l'art des bals masqués. Elle en organise chez l'un, chez l'autre, aux quatre coins de l'Europe. Ainsi des inconnus se rencontrent-ils. Klugo portait d'ailleurs un masque de Venise. Le masque de. Le nom ressemble à celui de notre hôte, Barparoz. Le masque de Barcarol ? Bargarosse ? Vous m'excuserez : je suis une gauchère contrariée. Droite ou gauche, je m'embrouille. Mezzo contrariée, aussi. On m'a fait d'abord travailler la voix d'alto puis la soprano. Quand je suis fatiguée, ça s'emmêle, même les clés de sol, de fa et d'ut... Barcaros ?

— Barbaros ?

— Barberousse, voilà. Un pirate ! Klugo jouait les pirates ! Pour ma part, je portais l'habit et le masque de Chatte blanche, celle qui, dans votre ballet, danse avec le Chat botté pour le mariage de la Belle au bois dormant.

Elle fit, des bras, un geste souple, bondissant.

— Au palais de Chatte blanche, dit le conte, les serviteurs sont tous invisibles. On ne voit que leurs mains qui servent, desservent, guident le visiteur, s'affairent. J'avais huit ou neuf ans. J'imaginais des papillons voletant autour de la gracieuse petite reine blanche. Un orchestre de chats donne, en même temps, des musiques délicieuses. La Chatte, elle-même, joue d'un petit cor enchanté. Son *miaulis*, ajoute Mme d'Aulnoy, était doux et charmant. Ainsi donc, à Réval, Barberousse rencontra-t-il Chatte blanche. Il ignorait qui j'étais. Il ne s'intéressait pas à la *célèbre chanteuse* ni à l'idéale Tatiana, mais à Chatte blanche. Sans les masques nous ne nous serions pas vus.

Piotr Ilitch croise, décroise les jambes ; se passe la main plusieurs fois sur le visage. Lorella Marga fronce les yeux, inquiète.

— Ce n'est rien, chère amie. Les masques. Les masques me donnent le vertige. Ces visages mêlés l'un dans l'autre. Quant au va-et-vient des serviteurs mains-sans-corps, je m'en souviens. Ma gouvernante, Mlle Fanny, nous lisait aussi ce conte. Elle aimait beaucoup Mme d'Aulnoy. Elle ignorait, cependant, les histoires racontées dans le même temp par notre cuisinière, une Votyak de l'Oural. Comment la Baba Yaga attirait ses proies dans sa cabane à pattes de poules, et son infâme cuisine où des paires de bras la servaient. Je me demandais si les mains du palais de corail et de perles où vivait Chatte blanche s'étaient détachées des bras de Baba Yaga.

> La tête de Mestchersky sous celle de Klugo, écrit-il encore, un masque enfoui sous la chair de l'autre et qui se devine comme les récifs sous la marée haute. La fausse relation : le reflet déformé collé sur le visage. Deux aimants non amants, qui s'attirent et se repoussent, ne vont jamais ensemble. Le maléfice commençait dès le Mongol du Jubelzeit, l'homme du bar ; avant même que je voie le portrait-carte de Bobik dans le casier du Maure. La face asiate, aberrante, du Mongol. Son marc de Provence n'y était pour rien, ni mes cognacs, ni l'enflure bleue d'Apoukhtine de chez qui je sortais. Le sol se dérobait. J'ai titubé, rien qu'à voir le masque du Mongol. Puis, juste après, le visage travesti du Maure sur le portrait-carte, agrafé au portrait de Bobik.

Il s'incline, regarde le gravier mêlé de sable.

— Mlle Fanny usait d'une expression française : « Je tourne de l'œil. » Eh bien, les masques me tournent l'œil.

> Une face immobile au lieu d'un visage mobile, écrit-il. Un masque mort sur une chair vivante. La fête s'échauffe. Sous le masque, les jolies dames, les beaux messieurs provoquent,

> osent, jouent, charment, désirent. Moi, j'entends quatre cors, deux bassons. La rigidité cadavérique, la grimace définitive. L'agonie hurle en silence, s'incruste dans les traits : moi le Z, je suis là ; j'ai gagné. Le fatum. Les serres de la momie hors d'âge.

Après un temps :

— Le bal est-il masqué, ce soir ?

— Costumé seulement.

Le ciel atteint sa perfection de l'après-midi. Lorella fait danser sa bottine rouge sous la frange de sa robe.

— Vous souvenez-vous, dans *La Chatte blanche*, de l'épreuve imposée au Fils de roi par son père. Il faut lui rapporter une pièce de toile si fine *qu'elle passât par le trou d'une aiguille à faire du point de Venise*. Aussi, Chatte blanche confie-t-elle à l'atelier chattesque la confection du chef-d'œuvre. Le jour venu, le Fils de roi revient du long voyage et donne à son père la cassette de Chatte blanche. On l'ouvre solennellement. Pas de tissu à l'intérieur, mais une noix. Tout le monde se moque. Les moqueries redoublent quand Fils de roi casse la noix pour trouver une noisette. Puis, dans la noisette, un noyau de cerise ; puis dans ce noyau l'amande ; dans l'amande un grain de blé ; dans le grain de blé, un grain de millet. Fils de roi pense mourir de ridicule. Puis, de l'intérieur du millet, se déploie *une pièce de toile de quatre cents aunes*. Tous les oiseaux, les animaux et les poissons y sont peints avec les arbres, les fruits, les plantes de la terre, et bien d'autres choses jusqu'à la mer, le soleil et les étoiles. On y voit aussi le portrait des rois qui règnent dans le monde. Celui de leurs femmes, dit aussi le conte, de leurs maîtresses, de leurs enfants et de tous leurs sujets, *sans que le plus petit polisson y fût oublié.* Je sais encore ces phrases par cœur. *Chacun dans son état y faisait le personnage qui lui convenait.*

Elle joint l'index et le pouce de sa main gauche qu'elle porte devant ses yeux. Le geste du joaillier examinant une pierre :

— Tout passait, voyez-vous, par le trou de la très fine aiguille qu'on emploie à Venise. Cela, monsieur le Professeur, avait profondément troublé la petite fille que j'étais. Plus troublée qu'émerveillée. J'y sentais moins la féerie qu'un paradis perdu. Avec le temps, ce trouble se fit nostalgie. Puis tourment. Ce que j'appelais pour moi-même l'angoisse du grain de millet. Ignorant tout cela, Barberousse me demanda pourquoi j'étais Chatte blanche. « Et vous, lui dis-je, pourquoi ce pirate velu, sans foi, ni loi ? » Ne vous arrêtez ni au pirate, ni à la barbe rouge, répondit-il. Le destin du pirate n'est pas de piller le ventre des bateaux mais de chercher l'île au Trésor et d'en dresser la carte. Quête de l'impossible, travail interminable, mais qui apprend à voir ce qu'annonce l'horizon. En retour, madame, pourquoi donc Chatte blanche ?

Piotr Ilitch, soudain plus détendu. Avec un sourire d'enfant :

— Permettez-moi d'imaginer. Telle que je vous connais, de Chatte blanche vous aimez la magie, le monde minuscule. Les contes français sont un miracle d'horloges, de carillons, de porcelaines, de nacres : l'orchestre des chats, les mignonnes petites griffes tissant des toiles en fil d'ange, les coquilles de noix contenant la miniature du monde, la danse des jardins féeriques ou la Belle est si belle et la Bête si peu bête.

— Ce fut, en effet, ma réponse au pirate. Et combien j'aimais l'énigme souveraine des chats qui n'ont de compte à rendre à personne par la grâce de leurs sept vies, vécues soixante-dix-sept fois sept fois. Barbe d'or me regarda : « Vous dites vrai, mais tout cela se résume et tient pour vous dans le petit coffret dont vous taisez le souci. Dans la noix qui s'y trouve, dans ce qu'elle contient. »

Le soleil, aux couleurs d'après-midi, tombe sur le visage de Lorella Marga, à travers le réseau de chèvrefeuilles. Il fait ressortir le bleu profond des yeux, mais aussi le gris-vert de ceux du musicien.

— Barbe d'or eut alors, monsieur le Professeur, une phrase qui m'émut : « J'ai vu cela, madame, dans votre voix et dans la manière dont votre corps la porte. » Ainsi nous sommes-nous connus. Trajane vous a certainement dit que c'était la manière de cet homme de *faire portrait* de l'âme pour se lier et s'allier ses modèles, voire les mettre dans son lit quand il s'agit de femmes.

Son visage, jusqu'ici joueur, devient grave.

— Et Trajane dit vrai. Je suis la maîtresse de Klugo. Je m'y suis engagée, vis-à-vis de moi-même, pour obtenir de lui mon portrait qui sera ma carte de l'île au Trésor. Sur cette île se trouve la cassette de mon secret, la petite clé qui l'ouvre, la noix, la noisette et ainsi de suite jusqu'à la toile mystérieuse. Il peint en ce moment ce miroir inconnu de moi-même où je verrai ma question face à face. Quand la reine de Saba visita Salomon, c'était pour avoir réponse à l'énigme. Elle n'attendait pas de lui l'amour, mais l'art de la sagesse. Certaines légendes disent que le roi avait disposé, à l'entrée de la salle où il se trouvait, un parquet de verre qui semblait un échiquier d'eau. La reine, pour le rejoindre, dut remonter sa robe, parcourir ce miroir qui révélait ce que sa beauté tenait dans l'ombre et cachait à elle-même.

Autour d'eux le jardin murmure : les oiseaux, le crissement des insectes, l'eau des rigoles, le mouvement des feuilles. Plus lointain, par-delà le palais, le moteur d'un vaporetto sur le rio del Val, et du côté de Santa Murgana, les bruits étouffés de la rue.

— Monsieur le Professeur, si je suis la maîtresse de cet homme, il n'est pas mon amant mais mon tuteur, comme on le dit du jonc par lequel le jardinier guide la croissance d'une plante. Je n'attends pas de lui l'amour. J'apprends de lui un savoir.

Piotr Ilitch, évasif, retrouve l'air affable qui dissimule ses inquiétudes. Avec précaution :

— À Hambourg, dont nous parlions, le Dilettante, qui dit s'appeler Slava. Son prénom est Ivan, pourquoi prétendre s'appeler Slava ? Cet Ivan, à Hambourg, que voulait-il ? Je vous embête avec tout ceci, vous m'en excuserez. À vrai dire, je n'aime pas l'idée que votre amie, Mme Trajane, bavarde avec l'Ivan Slava. Avec ce dilettante. Qu'a-t-elle raconté de vous, de moi ?

— Trajane parle beaucoup, en effet. Elle ne m'a rien dit, cependant, du Dilettante, ni du *Bloc-notes*. Comme elle ne sait pas se taire, croyez bien que ce monsieur n'a donc rien dit de nous. Elle voulait surtout pousser Klugo auprès du prince Mestchersky.

Piotr Ilitch, encore plus précautionneux :

— Avec le prince et Manouilov se trouvait un autre personnage, je crois. Enfin, quelqu'un d'assez puissant, un haut fonctionnaire curieux de vos relations avec moi, et curieux de moi. Un M. de Scharnast. Conseiller-comte de Scharnast, familier des polices d'Europe selon Mme Trajane.

— Il était à Hambourg ?

— Je crains l'intérêt que me portent les personnes de cette sorte.

— Trajane ne m'a rien dit de sa présence au souper d'*Onéguine*. Vous me l'apprenez.

Elle remonte son chignon sur la nuque. Son regard bleu se perd.

— Peut-être pensait-il m'y voir.

Pour elle-même, d'une voix songeuse :

— Bien sûr, la Trajane veut mettre le grappin sur lui, maintenant ; sur tout ce qui me concerne. Elle deviendrait une maison pour m'y tenir prisonnière. C'est elle qui nous a fait inviter ici : Klugo, moi, peut-être vous. Elle a obtenu de Basil Bartovitch, le docteur triple B, cette commande de mon portrait par Klugo. En ce moment, de tous les invités du palazzo, Klugo est le seul qui réponde à une commande. Elle prétend faire de Klugo l'un de ses tentacules, me saisir par le regard du peintre et m'enfermer dans le portrait comme elle m'enferme dans le palazzo. Quand je vais de pièce en pièce, de jardin en salon, elle est le mur, la haie, les fleurs, l'eau, la table, les portes, les livres, le plafond, la tapisserie, le lustre, le piano. Si elle pouvait devenir Klugo, elle me serait Klugo.

Plus fort, à Piotr Ilitch :

— Ne craignez rien du conseiller Scharnast. Il est de ceux, comme vous, que j'estime. Je ne l'ai plus vu depuis dix ans. Je ne souhaite pas en parler. Nous n'avons rien à craindre de lui, soyez-en sûr.

Soudain, presque enjouée :

— À Réval… J'oubliais. À Réval, l'Estonien, l'ami de Trajane chez qui se donnait le bal, en Estonie, vous connaissait. Un colonel. Il parlait de vous avec Klugo. Le colonel Mantegal-Farmor. Quelque chose dans ce genre.

Piotr Ilitch se redresse, les bras bien à plat sur les accoudoirs : Mantelvalg-Fermor ?

— C'est cela ! Fermor. Un grand gaillard blond de la noblesse balte avec un nom écossais et un fils tout mignon, presque une porcelaine, qui vient d'entrer au régiment Préobrajenski. Le garçon s'était costumé en Chérubin, du *Mariage de Figaro*, un vrai soldat de plomb. Il a chamboulé toutes les rombières. Et même quelques vieux boucs. Ils croyaient que c'était une jeune fille costumée en hussard, comme dans les maisons spéciales. Avec une cravache. Hop, le poney !

*Elle a vu le père de l'aspirant.* « Le colonel parlait de vous avec Klugo. » *Qu'ont tous ces gens à parler de moi ?*

Piotr Ilitch garde néanmoins son expression bienveillante :

— Je ne connais pas ce colonel balte. Son fils, l'aspirant Mantelvalg-Fermor, est un ami de mon neveu Vladimir Lvovitch Davydov. Sans doute ce jeune officier a-t-il évoqué avec son père ma parenté avec Vladimir Lvovitch.

> Ou parlé de son ami Bob, de Bob si charmant. De Bob et de son ridicule vieil oncle Piotr Ilitch, le compositeur aux cheveux blancs, le bon oncle Pierre affolé, rissolant, apoplectique au milieu de ces jeunes officiers de la garde. Quel est le prénom de l'aspirant ? J'ignore le prénom du joli Fermor. Ses jambes et ses fesses me tuent. Bob et l'aspirant, que disent-ils de moi ? L'oncle

> Pierre qui roule n'amasse pas mousse. Pas même un moussaillon. Suis-je pour Bobik, à mon tour, la momie ? Mon adoré me traite-t-il comme je traite la vieille von Meck ?

— Il serait surprenant que l'aspirant Fermor m'ait évoqué. Quand j'avais son âge, un homme de la cinquantaine me semblait venir d'un monde sous housses, d'un ennui ! Il ne méritait pas plus d'attention que le vieux fauteuil crapaud de la grand-mère.

— Je n'ai pas dit deux mots au soldat de plomb. Trop jeune, d'une beauté commune, presque des poses. Je n'aime pas les gamins gourmés comme des aides de camp ou des majors d'opérette, avec, aux lèvres, la goutte de lait de leur nourrice. Ce qui nous concerne, vous et moi, ne concerne pas le petit lieutenant balte. Ce qui vous concerne, vous, ne me concerne pas. Ce qui concerne votre neveu et le mignon petit aspirant ne me concerne pas davantage.

Piotr Ilitch approuve d'un mouvement de tête. Mais bientôt dans ses carnets :

JOURNAL

> Fais-je honte à Bobik ? Le vieil oncle gâteux d'amour ? Le barbon éperdu ? Le fâcheux qu'il faut pourtant montrer à ses amis. Sinon, qui paierait les fêtes ? Je les entretiens avec l'or de la vieille : Bob, Modest et son petit bougrillon de Kolia. Et toute la bande, et l'aspirant Fermor. Sans moi, plus de parties fines, plus de spectacles, plus de dîners au Leiner. La Vieille exigeait de ne pas me voir. Moi, je meurs si je ne vois pas Bobik. J'exige de le

voir. Lorsque Lorella M. a dit ce bal estonien, les Fermor, je ne pouvais plus parler.

Je suis la femme de Barbe Bleue, curieuse, aimant les portes interdites. Je suis aussi le cruel Barbe Bleue qui met ses crimes au placard.

Je frotte, frotte la clé de la penderie. La tache de sang reste. Indélébile. Les corps pendent dans le placard, impossibles à cacher.

À Réval, Klugo parle au colonel Fermor des habitudes du doktor-professor Kokuski. Ses habitudes indélébiles. Sautent aux yeux. Indélébiles. Klugo chuchote au colonel : la pleureuse indélébile, le pigeon du désespoir, indélébile, rrou, rrou, dès qu'il voit un petit cul. Il y a beaucoup de jolis culs à la jeune garde Préobrajenski. Le haras du doktor Kokuski. Surveillez votre fils, mon colonel. Koku, kookcock. Avant mon départ pour Cambridge, Bob a sûrement senti que j'avais fouiné au Jubelzeit. Il le voit. Ça se voit sûrement, les manigances du Jubelzeit. D'où son attitude au restaurant Leiner. C'est parce qu'il a vu : il a vu que je fouinais moi aussi dans le Jubelzeit. Il y a une tache sur les fouineurs. Les fouineurs sont indélébiles. Marga l'a vu, cette après-midi, quand nous parlions dans le patio. Une tache sur les mots, sur le regard. L'homme honteux. Tu t'es trahi, rien qu'au ton dont tu me parles.

Le faux comte, le Slava Mestchersky, connaît Klugo. Ces canailles se connaissent toujours. À Hambourg, Mestchersky le Maure, Mestchersky l'imposteur s'est vanté à la Trajane : « Je l'ai monté, Bobik, le petit poney du bougre ! » Et la Trajane répète tout à Klugo.

Mestchersky a peut-être introduit Klugo à la Poste du Jubelzeit. Lui a montré le portrait-carte, le si vif sourire de Bobik, ses

dents parfaites. Klugo se dandinait l'autre jour. Doktor Kokuski ! Haha. Honte. Carcan. Joug sans relâche, sans repos.
Aie pitié de moi.

Parmi les papiers de la malle Barparoz se trouve aussi le brouillon d'une requête de Piotr Ilitch à son ami et protecteur le grand-duc Constantin Romanov. Tchaïkovski, malgré le propos rassurant de Marga, croyait donc toujours le conseiller Scharnast à la manœuvre jusque dans le palazzo, partageant des renseignements avec l'Okhrana :

> Que Votre Altesse Impériale en juge, écrit-il, je suis à nouveau captif des Invisibles. La comtesse von Meck prétendait m'accompagner et me guider jusque dans mes œuvres tout en ne se montrant jamais à moi. De loin, le docteur Barparoz me loge, me fournit en papier et en livres, prend soin de mes désirs, me facilite chaque heure qui passe jusque dans le dernier détail. *Deus absconditus*, un dieu caché. Voici maintenant qu'un comte de Scharnast, dont j'ignore tout, rôde autour de moi. Un diplomate, haut fonctionnaire de police me dit-on. Il a placé, palazzo Merhi, un Balte et une aventurière française, une créature, rousse comme une truite ; d'autres peut-être, qui m'observent, qui me tendent des pièges dans l'espoir de me faire parler. Je supplie Votre Altesse impériale d'ordonner au chef de section de sécurité le broyage des papiers me concernant. C'est bien à tort qu'on m'implique dans de quelconques relations avec des officiers baltes.

Lorella et Piotr Ilitch restent silencieux dans le jardin où l'été s'affaire. Piotr Ilitch toujours affable, sourit vaguement. Lorella Marga, résolue :

— Lorsque vous étiez avec Trajane à la petite poste, je répétais l'air de Tatiana. Je le chanterai peut-être tout à l'heure pour la fête de la Saint-Jean.

— Du palier, en quittant ma chambre, je vous entendais. Bien des choses se sont réveillées.

— Je n'ai plus repris le rôle depuis Hambourg, en allemand. On parle d'une nouvelle représentation, en français cette fois ; ce serait à Monte-Carlo. Savez-vous quand ?

— Des projets ici ou là, rien de sûr.

Elle prend sa respiration. À mi-voix, sans pour autant chantonner, elle commence :

— « Es-tu mon ange gardien... »

C'est la lettre que la toute jeune Tatiana, éblouie, adresse à cet Onéguine, le Moscovite qui, dans le jardin familial, jouait le beau ténébreux devant les demoiselles de province. La mélodie se suspend. Tchaïkovski s'anime, bat d'un doigt la mesure d'un orchestre invisible qu'ils semblent tous deux entendre.

— « Es-tu mon ange gardien, ou bien mon séducteur ?... Même si tu me déçois, la déception sera délicieuse... »

Cessant de chanter :

— Monsieur le Professeur, ne pensez-vous pas que le séducteur puisse être vraiment l'ange gardien ? Notre ange sait nous séduire pour le bien. Il nous laisse courir, libres, tout en tenant amoureusement la longe pour que nous lui revenions comme il nous plaît, sans nous perdre.

> À l'époque où je composais *Eugène Onéguine*, écrit encore Piotr Ilitch à son frère Modest, je me figurais ainsi Tatiana : une voix pure mais ardente, un élan, un effroi généreux, une force si

peu expérimentée mais si sûre qu'elle bouleverse. Je ne prévoyais pas que Lorella Marga puisse à ce point être Tatiana, jusque dans son port juvénile. L'adulte n'a pas effacé la petite fille. Tout comme il y a encore chez Bobik l'adorable chanteur, le pianiste si gentil et le joli dessinateur de ses douze ans.

Dans le livret, tu t'en souviens, nous avions supprimé tout ce qui concernait Larine, le père de Tatiana. Pouchkine en fait un bon gros homme qui meurt à temps pour n'être pas importun. La mère de Tatiana, la veuve Larine, laisse entendre que son mariage n'était pas un mariage d'amour ; qu'ils avaient fini, Larine et elle, par s'accommoder l'un de l'autre. Pas d'amour. Simplement s'accommoder l'un de l'autre. Ce qu'elle chante en faisant ses confitures avec la vieille nourrice :

*Oui, c'est ainsi,*
*Le ciel nous envoie l'habitude*
*À défaut de bonheur*

J'ai mis beaucoup de moi-même dans ce refrain des confitures. Toute cette résignation qu'un courage de chaque jour transforme en sagesse, cela en dit plus que les quatre cors et les deux bassons. À partir des fruits trop amers, trop acides ou trop mûrs, les bassines de cuivre font une gelée de groseilles dont les enfants se souviendront toute leur vie. Il ne faut jamais déprécier l'habitude.

Je préfère donc imaginer que Larine est mort depuis assez longtemps lorsque survient Onéguine ; que Larine a pris dans l'imagination de Tatiana une importance mystérieuse ; que celle-ci reste blessée par la mort de ce père dont elle s'est fait un roman, nimbant sa disparition, comme tous les adolescents, de circonstances secrètes et tragiques.

On a dû lui taire certaines choses, comme on nous les a tues lorsque le choléra emporta maman. Tu avais quatre ans, j'en avais quatorze. Il nous fut interdit de la voir. J'ai su qu'on l'avait mise dans la baignoire. L'eau brûlante raviverait, disait-on, le fonctionnement des reins : l'agonie empira. Elle mourut au bain.

Pour mettre en musique Tatiana, j'avais besoin qu'elle s'interroge sur la mort du vieux Larine. On lui a caché quelque chose, comme à nous. Tatiana, elle aussi, rumine ses idées noires. « Peut-être mon père mourut-il violemment ? » se demande-t-elle. Mort dans l'eau, comme maman. J'ai toujours pensé à l'eau pour le père de Tatiana.

Je me suis marié pendant la composition d'*Onéguine*. Quand A.I., mon épouse forcenée, me poursuivait pour le devoir conjugal, le piège me fut insupportable. Dans le conte, la froide Ondine veut acquérir une âme en épousant son chevalier. En fait d'Ondine, cette folle d'A.I. est une murène. Plutôt que de me trouver entre ses bras, je fus pris de l'effroyable tentation, du terrible vertige, comme s'il fallait absolument, malgré moi, me glisser dans la Moskova glacée, avancer lentement jusqu'à ce que l'eau et le froid me saisissent et m'entraînent au fond. Le Z, quelque chose comme le Z. J'en suis sorti avec une pneumonie...

Quand j'ai pu fuir en Suisse pour reprendre au calme l'opéra, ce souvenir m'est revenu : l'appel de l'eau glaciale. Pourquoi le père de Tatiana ne serait-il pas mort lors d'une promenade en barque sur les étangs de leur propriété ? Mort mystérieuse, trouble. Tatiana, petite fille, était fascinée par ces étangs. Elle y jouait, téméraire, courant sur le ponton vermoulu sans rampe ni garde-corps ; courant comme pour se précipiter à l'eau. « N'est-il pas possible, me suis-je encore dit, que, dans cette brusque témérité de l'enfant ; dans son regard si lointain, égaré, se soit reflété l'appel du père mort, autorisant cette tentation qui la poussait vers lui ? » Ainsi, Tatiana se jette-t-elle sans réfléchir dans les bras d'un fantôme, d'un homme qui la laisse choir. Elle confond Onéguine avec un autre.

L'alcool et la morphine ont tué notre si chère sœur Alexandra. On voulait soigner ses douleurs et ses hantises. On l'a droguée. Depuis sa mort pitoyable, je me suis toujours occupé de Bob comme si j'étais non pas son oncle, mais son frère aîné. Bien plus doux qu'un père, n'est-ce pas ? Tu connais notre neveu. Tu es plus proche de lui par l'âge. Sais-tu si je lui ai déplu ? Penses-tu que je l'agace, malgré toutes mes attentions. Sais-tu si ma sollicitude l'irrite ?

Te souviens-tu, début mai, avant mon départ pour Cambridge, de cette manière nouvelle qu'avait Bob de se vêtir en gigolo comme s'il n'était qu'un poney, l'objet criard à l'encan, s'offrant au premier venu, se jetant dans ses bras ? Se jetant dans les bras d'Alexandra, sa mère absente. De quelles images vulgaires et mièvres la mode amoureuse nous pourrit-elle : pur-sang, pouliche, étalon, poulain... Je ne peux pas croire que Bob s'avilisse pour une fille. Je ne veux pas croire que ce soit pour un garçon. Le fait-il pour me blesser, m'offenser ? Pour répondre à l'appel d'Alexandra morte ?

Lorella Marga se penche vers Piotr Ilitch :

— Que lisez-vous ?

Piotr Ilitch montre le volume, *L'histoire de l'art dans l'Antiquité* du *scriptor* Winckelmann. Lorella Marga le feuillette, s'arrête sur la page où se trouve le signet – une photo de groupe, dont le sépia s'est décoloré : Des membres de votre famille ? Piotr hoche la tête : Deux de mes frères, ma sœur Alexandra trois ans avant sa mort et son fils Bob, mon neveu. C'était en 1888...

Mais Lorella, déjà, lit les phrases de Winckelmann à haute voix :

« Une amoureuse, au bord de la mer, regarde les yeux pleins de larmes l'être aimé qui s'éloigne, sans espoir de le revoir jamais. Elle croit apercevoir encore son image sur la voile qui disparaît – comme cette amoureuse nous n'avons plus que l'ombre de nos désirs, le fantôme de notre amour ; mais cette ombre éveille une nostalgie d'autant plus forte pour ce que nous avons perdu. Et nous contemplons les copies des formes originelles avec une attention beaucoup plus grande que si nous en avions la pleine possession. »

Piotr Ilitch précise :

— Les copies dont parle Winckelmann sont des statues, ces nus de l'Antiquité dont il nous a révélé la perfection. Nous, moins chanceux, nous ne pouvons retrouver l'être aimé lointain qu'avec des photographies, des portraits, des phrases, des mélodies. Autant de masques, sans doute. Les formes divines s'éloignent sur la mer.

— Vous avez le don, monsieur le Professeur, de retrouver en vous les choses disparues. Elles vous demeurent présentes. Par le travail de la musique, vous saisissez l'image sur la voile du navire, vous l'en détachez. L'être aimé, qui semble parti sans retour, vous a laissé son âme, le meilleur de lui-même. Seul son fantôme disparaît à l'horizon. Moi qui ne puis ni composer, ni peindre, ni même écrire ce qui s'appelle écrire, je n'ai que ce fantôme, l'ombre perdue de mes désirs.

Elle ferme le livre d'un coup sec :

— J'ai consacré ma vie à mes amours. Non pas à l'ombre de mes désirs mais à mes désirs sans ombre. L'amour est mon souci. Le métier de chanteuse me lie le moins possible aux lieux, aux choses, à la propriété. Le chant me laisse libre d'aimer, d'éprouver ce que c'est que d'aimer, d'être. Il me rend musicienne de mon amour. J'exerce l'art du présent, sans autre ambition que le présent. Vous avez la chance d'exercer l'art des choses absentes qui, même passées, restent à venir.

Piotr Ilitch regarde longuement la photo de famille qui s'enroule sur elle-même. Lorsqu'il se sent mal assuré son débit se hache :

— Pour garder mon amour, Lorella, je jouerais ma fierté, mon bonheur, ma vie. Et s'il ne reste plus rien dans mon jeu, je jouerai ma dernière carte. Il y a une chance infime qu'elle soit la bonne. Je la jouerai, quitte à mourir d'avoir joué. L'un de mes amis, le poète Apoukhtine, meurt en ce moment par dégoût de la vie. Moi je mourrai comme un joueur, au risque d'une mort abjecte. Certes, le joueur qui risque trop perd, s'affole, aboie, supplie, s'effondre. Le Christ aux outrages n'était-il pas ridicule, souillé, couvert de crachats ? Jusqu'au bout, il a joué comme s'il n'était pas abandonné, comme s'il existait un Dieu, ce dont il doutait, lui, le fils de Dieu, jusqu'à suer le sang. Il aimait démesurément ceux qui ne l'aimaient pas.

— Cette chute est surprenante.

Oui, quelques secondes et tout s'effondre. Moi aussi, à Pétersbourg, j'ai ouvert une lettre que je n'aurais pas dû lire, comme tout le monde le fait ici. Je ne devais pas lire. La photo-carte était là, sous mes yeux. Il ne fallait pas jouer cette carte. Il fallait résister, repousser la tentation. J'ai joué la carte. Voici la déchéance.

— J'entendais par chute, monsieur le Professeur, la conclusion de votre propos. Ce que vous venez de dire du Christ aux outrages

Sans insister, Lorella regarde Piotr Ilitch. Il semble déconfit. *Qu'avais-je à parler du Christ ? Puis du Jubelzeit. J'aurais voulu rentrer sous terre.*

— Votre manière de jouer avec le destin vous soumet au destin, Piotr Ilitch. Votre roulette n'est pas un jeu mais un fatalisme.

— On nous prête l'invention de la roulette russe.

— Vous ne me faites pas rire.

Santa Murgana sonne cinq heures. Des hirondelles commencent à tourner, plonger, remonter.

— Tout ce temps déjà passé !

Elle se lève : Je dois rentrer, monsieur le Professeur, ne bougez pas, je vous en prie. Il se lève pourtant. Elle saisit dans ses mains celles de Piotr Ilitch : Permettez. Imprévisible, elle l'embrasse sur les deux joues. S'éloigne, rapide, le visage ému.

Au bout de quelques pas, elle se retourne. S'est reprise, farceuse, radieuse : À tout de suite, au bal ! Avec des airs de comédienne quittant la scène : Je vais là où le devoir et le plaisir m'appellent !

# 5

ON DANSE DÉJÀ DEPUIS UN MOMENT quand Piotr Ilitch se résout à descendre. Il redoute les soirées, les dîners et les réceptions, tout ce qui l'expose. Plus encore ce carnaval de la Saint-Jean parmi des inconnus.

Il le répète à Modest :

> Je mourrai sans avoir vaincu mon angoisse des seuils. Le désespoir m'envahit au moment de sonner, frapper, tirer le cordon, me présenter au majordome. Je recule. Je reviens sur mes pas plusieurs fois, je tourne, je retourne autour du pâté de maisons. Je finis par affronter le palier, la porte, la grille, le vantail. J'étouffe de peur. J'arrive le plus souvent en avance – à la fin, je me présente en retard. Et maintenant, les invitations pleuvent : il en sort de partout, toujours des personnes importantes, qu'il faut voir, ménager, flatter. Alors que je ne songe qu'à prendre mes jambes à mon cou.
>
> Il y avait déjà du monde en bas quand j'ai quitté mon lit où me clouait la peur. Dès l'antichambre, j'entendais l'orchestre : violon, cor, clarinette, hautbois, basson, accordéon, piano. Quel mélange ! Au moins, cela avait-il le mérite de m'intriguer. Ils jouaient des valses mi-mondaines, mi-paysannes, des polonaises

dans le goût vénitien, des quadrilles de uhlans piémontais et des siciliennes du Tyrol.

Je m'étais fait trop de souci avec le déguisement qui m'est imposé. Je porte la livrée de Mandolin, maestro di cappella de l'ancien hôpital de Venise, l'Ospedaletto. Tu peux voir cela dans les tableaux de Longhi : imagine un habit de clerc, dans le genre de celui d'un kapellmeister à la cour de l'impératrice Catherine – mais avec une touche de couleur et de charme. Pas de Luigi pour m'aider à le passer – il participe au bal – mais un majordome d'une excessive gravité : les Vénitiens sont graves avec un culot théâtral. Seuls les hôtes du palazzo et les familiers de Barparoz, m'a-t-il dit, seront en pùpoli de la Saint-Jean. Les autres convives suivent leur fantaisie. C'est un honneur, visiblement, d'être pùpolo : une société secrète au sein du bal.

— Voulez-vous, excellence, en apprendre davantage sur le conte du maestro Mandolin ?

— J'ai lu sa notice dans ce grand livre (je lui montrai les *Fastes des Muses* sur le bureau). Mandolin est l'intime du prince Arnaldo, son conseiller fidèle, mais l'amiral Barbaros l'écarte en le calomniant et le ridiculisant auprès du jeune homme.

— Votre Excellence sait donc le roman des pùpoli. Nous nous proposions de vous renseigner car les hôtes du palazzo l'ignorent souvent. Ils portent les habits sans s'enquérir de leur histoire. Nous le déplorons.

Il hocha la tête. Il avait la lenteur d'une horloge comtoise, pour parler comme Mlle Fanny. Entre parenthèses, j'ai d'ailleurs revu une horloge comtoise l'hiver dernier chez la chère mademoiselle lorsque je lui ai rendu visite dans sa maison de Montbéliard, en France. On eût dit la réplique de celle qui battait dans le couloir de notre maison de Votkinsk. Mon premier métronome. Le temps a reculé de près de cinquante ans.

> Les deux costumes désagréables dont je t'ai parlé, Barbaros le bellâtre et la comtesse Pallade – ceux qui se trouvaient de l'autre côté de mon lit – ont disparu depuis hier du petit couloir. Ils ont rejoint au bal leurs mannequins de chair. Je me doutais que ces deux vilains plumages se poseraient sur deux oiseaux de ma connaissance, perchés jusqu'à présent dans la Loggia : le barbouilleur de la Baltique et la crocheteuse française. Cette perspective accroissait mon anxiété, comme si ces mauvais génies, présents dans mon livret du *Mannequin d'or*, se matérialisaient devant moi pour me punir de leur avoir donné les emplois qu'ils méritent. Je savais que moi, Mandolin, l'ami renié par le jeune prince Arnaldo, j'allais rencontrer dans quelques minutes Barbaros son vaniteux ennemi et Pallade l'entremetteuse triomphante.

Voici donc Piotr Ilitch à l'entresol, dans l'orbe de la spirale au-dessus des salons. *Le point de vue idéal*, disait Luigi, d'où l'on a le *coup d'œil*. À droite, le personnel a dégagé la grande salle à manger, nettoyé les vitres de leur badigeon blanc. Plus de bâches et de meubles ; l'accès au Lanbarinto se fait à nouveau par l'escalier vers les fleurs. À gauche, les portes-miroirs de la salle de bal – le Salone – grandes ouvertes, reflètent la petite foule. On devine sur les glaces le nimbe nacré bleu-blanc, rose-vert des fresques de Tiepolo. Celles-ci représentent Pygmalion dévoilant devant le banquet des dieux la femme d'ivoire qu'il a sculptée au point de s'en éprendre. C'est l'instant où Vénus obtient pour lui de l'Olympe que la statue devienne chair et que l'image d'une femme se transforme en femme véritable.

Torchères, candélabres, lustres diffractés par les reflets. Les vasques lumineuses du hall, perchées sur de fausses colonnes, font couler des perles de verre. L'argent vif, les halos bruns, le vieil or des bougies et la nuit d'étoiles sur Venise se mêlent, se tendent, se rétractent, s'évasent, ondulent, se coulent – les écailles d'un serpent.

> *— Et qui dansait avec moi ? Qui chantait ?*
> *Le duc d'Orléans, le duc d'Ayen,*
> *Le duc de Coigny… La comtesse d'Estrades,*
> *Le marquis de Saint-Arnaud…*

Là-bas, au bout du hall et des portes ouvertes sur le perron, les invités descendent de gondoles et de barques qui viennent du rio del Val jusque sous la voûte d'accès, le long du chenal. Les embarcations partent ensuite vers le Lanbarinto, font demi-tour à hauteur des remises, reviennent en sens inverse, croisent les nouvelles venues.

Des porteurs de flambeaux accueillent les convives, qui montent les marches, laissent capes ou châles dans le petit théâtre du vestiaire et révèlent ainsi leurs costumes. L'huissier lance les noms. Sa voix de baryton ajoute à la rumeur, aux rires, aux conversations, aux tintements du cristal, des couverts, des assiettes. Beaucoup de fards ou de maquillages outrés qui, chez Piotr Ilitch, suscitent autant d'appréhension que les masques pourtant proscrits ce soir. L'habituel lot de Pierrots, de Colombines et d'Arlequins, de Renauds et d'Armides ; un doge, trois cosaques, une dogaresse, cinq faux évêques, un cardinal d'opéra, des Turcs, des grands d'Espagne, des petits marquis de Versailles et leurs petites marquises, des ladies et lords à la manière Stuart, voire quelques Écossais de Walter Scott. Deux bardes aussi. Un héros casqué sorti des brumes légendaires d'Ossian, quelques Romains et Romaines du temps de Néron. Un Falstaff en l'honneur du tout nouvel opéra de Verdi. Et pour fêter le centenaire de la Terreur française, un Fouquier-Tinville tout de noir vêtu, empanaché de bleu-blanc-rouge.

Un notaire du XVIIIe siècle cueille Piotr Ilitch au bas des marches : Permettez que je me présente... Le musicien sursaute : brusque mouvement de recul. À ce moment, le flux des costumes tourbillonne et monte. Le notaire parle russe ; il est long, très maigre, une voix de contrebasson : Permettez... Piotr Ilitch se laisse emporter par le va-et-vient, qui le dépose contre l'une des colonnes à vasque, entre le salon des Tapisseries et le Salone Tiepolo.

J'ai cru me trouver face à l'insidieux Anatol Vanatori : même allure de périscope, mêmes yeux battus, même embarras torve. Souviens-toi : l'Anatol, le magnat des Carpates dont Bob s'est entiché quelques mois. Le sinistre Transylvain. Il accompagnait Bob dans des académies pour le perfectionner en dessin et prétendait le conduire à la Laure de Kiev entendre les vêpres. Bob n'en avait que pour lui, comme si je ne connaissais pas le chant sacré, et même le dessin, autrement mieux que ce Carpatique.

Je t'avais confié combien le respect disproportionné que l'Anatol affichait à mon égard laissait attendre un mauvais coup. À cette époque Bob sans doute l'a fréquenté plus qu'il ne l'a dit, nous le dissimulant, comme cela devient trop souvent son habitude. Cet Anatol a dû tomber en disgrâce. Bobik n'en a plus parlé. On ne l'a plus vu.

Maintenant, alors que je t'écris, j'éprouve une terrible crainte. Je suis certain que Vanatori a réapparu ! Avant même ce bal de Venise. Oui, je l'ai revu à Pétersbourg, voici un mois. J'en suis sûr, maintenant. Il se trouvait à la table d'angle assez loin de nous au Leiner, la veille de mon départ pour Cambridge. J'en ai douté sur l'instant. Quelle bête je suis : c'était pourtant l'évidence.

Du fond de la salle, l'Anatol nous fixait tel un Méphisto constipé. Bob lui a même fait un signe, je crois. Peux-tu savoir si c'est bien lui ? Si Bob le revoit ? Ce soir-là, au Leiner, d'autres choses m'accablaient : mon voyage, la vue d'Œdème Apoukhtine pourrissant et l'ardeur de Bob à filer s'offrir à je ne sais qui au Grand Hôtel. Nous avons même dû l'y conduire en fiacre, tant il était pressé... Pourquoi n'ai-je pas pris garde à la réapparition pétersbourgeoise de Vanatori ? Vérifie qu'il ne fréquente pas le Jubelzeit. J'ai réussi à écarter Bob d'Apoukhtine. Il ne faut absolument pas – tu m'entends, Modest : absolument pas que Bob commence à tourner autour de ce club et de ce Vanatori. Ni qu'il boive trop d'alcool, comme sa malheureuse mère, notre sœur Alexandra Ilitchina. Je vais d'ailleurs t'envoyer cette lettre en exprès dès demain.

Le long homme maigre cherche toujours du regard Piotr Ilitch. Celui-ci se rencogne davantage entre la colonne et la boiserie. Certain de n'être plus visible, il tire un mouchoir de son habit, s'essuie les tempes.

Celui que Piotr Ilitch prend pour Anatol Vanatori s'appelle Vissarion Paliash – c'est le « marchand d'armes géorgien » dont parlait Trajane dans la salle du courrier. Il ne s'agit évidemment pas du mentor de Bob Davydov mais de l'un des prétendants de Lorella Marga, en passe d'être supplanté par Klugo. Le Géorgien Paliash est aussi compulsivement jaloux que le sont tous les hommes attirés par la chanteuse. Il déteste Trajane, qui le lui rend bien.

Paliash, enrichi par son trafic d'armes, s'occupe des placements financiers du docteur Barparoz. Il a de nombreux correspondants en Europe, en Orient et aux États-Unis. Il conseille également le docteur pour ses invitations. Ainsi Vissarion Paliash recommanda-t-il au mécène de convier Piotr Ilitch au palazzo Merhi – tout comme le *joli rapace* le faisait de son côté. Paliash devinait que Marga serait heureuse de retrouver le compositeur. Il comptait lui apprendre à qui elle devait cette surprise. Il savait aussi que Barparoz se réjouirait d'obtenir ainsi son lot de brouillons et d'esquisses. L'idée de faire peindre le portrait de Marga par Klugo venait toutefois de la seule Trajane.

Paliash voulait revoir la chanteuse. À Venise, pensait-il, ne se trouverait aucun de ses rivaux. Si Marga, dans sa lettre, l'avait informé de la présence de Trajane, il enrage de découvrir, imprévu, le baron balte.

Pour la Saint-Jean, Paliash porte le costume d'un pùpolo grand et filiforme : le notaire Guglielmo Tenhebr, frère jumeau du court sur pattes rondouillard huissier Garbuglio Tenhebr. Dans la comédie bouffe, les frères Tenhebr incarnent l'affairisme et la friponnerie libidineuse. Basil Bartovitch Barparoz devait avoir une curieuse idée de Vissarion Paliash, son fondé de pouvoir, pour lui attribuer le personnage marron de Guglielmo.

À peine Piotr Ilitch s'est-il caché de celui qu'il prend encore pour l'insidieux Vanatori qu'un petit gros homme s'approche. Jouant des coudes, il bouscule le musicien sans lui prêter attention, repousse un couple de côté, pose sa main sur l'épaule du grand échalas géorgien qui pour l'instant tourne le dos, toujours à la recherche de Tchaïkovski.

Le petit gros a une voix de cornet :

— C'est donc vous ! Vous enfin. Vous qui êtes ce soir Guglielmo Tenhebr, mon compère ! C'est écrit sur mon bristol. Je vous cherche depuis un moment. Par la grâce de ce costume, vous avez devant vous en ma personne l'huissier Garbuglio Tenhebr, votre alter ego. À la ville, je suis Maffi Beluséra, intendant de ce palais.

— Je savais que je serais le grand Tenhebr, je me demandais qui serait l'autre. Basil Bartovitch a bien choisi : vous êtes l'huissier, je suis le notaire. Tout est en règle. À la ville, je m'appelle Vissarion Paliash, fondé de pouvoir. Nous sommes frères quelques heures, cher Garbuglio.

— Ou faux frères, hé ?

Le long et le court s'esclaffent ; le cornet rit comme un cocher, le contrebasson comme un fossoyeur. Le petit gros homme a de grands pieds et des chaussures luxueuses ; il sourit, ravi de lui-même. Selon Les *Fastes des Muses*, les frères Guglielmo et Garbuglio Tenhebr sont agioteurs, croupiers frauduleux et prêteurs sur gages.

Le petit Garbuglio s'incline, l'air bénin :

— En tant que propriétaire de la maison Beluséra je fournis aussi le docteur Barparoz en objets d'art. Intendant et fournisseur, je gagne des deux côtés. Le docteur le sait mais s'en moque, tant que je lui déniche des merveilles.

— En tant qu'agent des Mines et Forges de Tsaritsyne j'ai l'honneur de négocier pour Basil Bartovitch.

Il baisse la voix :

— Mais je suis également à Venise pour entendre bientôt Lorella Marga au théâtre de la Fenice. Elle chante le nouveau *Falstaff* de Verdi.

— Vous alliez l'utile à l'agréable. Bien cher frère, nous allons nous entendre.

Le petit gros prend le grand maigre par le bras. Ils s'en vont en quête de Lorella Marga que le docteur Barparoz, ce soir, a choisie pour revêtir le costume de Marghetta, la princesse Charmante du conte du Sieur mort et donc de l'oratorio-ballet du *Mannequin*. S'ils savent les forfaits que *Les Fastes des Muses* attribuent aux frères Tenhebr, Maffi Beluséra et Vissarion Paliash ignorent le drame de Marghetta – la jeune fille qui veilla le prince Arnaldo un an, trois mois et une semaine et que supplanta une fourbe servante.

En quittant le hall pour le salon des Tapisseries, Vissarion Paliash cherche du regard, une dernière fois, où peut se nicher le musicien. Celui-ci, contre la colonne, observe ; ne sort pas de l'ombre. Piotr Ilitch s'essuie à nouveau le visage.

Le salon des Tapisseries s'ouvre à la fois sur la salle de bal et sur le hall d'entrée. Le baron Klugo s'y tient, au centre des attentions de plusieurs femmes. Sa tenue de Barbaros, janissaire rouge, or et noir, se détache du velours blanc d'un grand canapé, ses larges mains posées sur ses cuisses. Les auditrices s'animent, sourient, se récrient. Il courtise deux d'entre elles. S'empressant, fiévreux, un Pierrot à la houppe – une femme déjà mûre, silhouette juvénile – lui porte une coupe de champagne comme si l'affaire était d'une extrême importance.

À l'écart, près d'une porte-fenêtre, se tient Trajane vêtue en comtesse Pallade : cheveux aux reflets de cuivre, taches de rousseur ; les yeux verts, la robe noir cyprès. Derrière elle, brouillée d'un rideau de mousseline, la vitre sur le canal superpose les reflets de la fête et du rio del Val, encombré de gondoles.

Trajane plaisante avec le long et maigre Paliash, devenu Guglielmo Tenhebr. Celui-ci ne pensait pas rencontrer si vite son ennemie alors qu'il cherchait Lorella Marga. Trajane se moque également de lui, tandis qu'ils rient les uns des autres, ce que le Géorgien fait de mauvaise grâce. Il n'a pas d'autre choix.

Plus jeune et plus belle que la Pallade du Sieur mort, Trajane pourrait incarner d'autres personnages des contes de Pifania Vécia : l'impératrice de Byzance, la princesse orientale de la Pleine Lune, la cruelle magicienne de l'Île enchantée... Tout en parlant, elle apprécie du regard la petite agitation autour de Klugo. Par coups secs, impertinents, elle picore quelques fruits dans une assiette. Chaque fois que le grand Géorgien-Guglielmo lorgne vers le janissaire Klugo – ce qu'il fait toujours plus longuement –, elle observe avec plaisir le visage en lame de couteau du rival contrarié. Visiblement, Paliash a juré la perte de Klugo. L'affaire est, pour Trajane, très amusante. Un souci, pourtant. Elle commence à douter de la présence du conseiller Scharnast. Elle était sûre de l'attirer par sa lettre et par l'invitation mais aucune des silhouettes costumées ne lui correspond. Elle croit un moment le reconnaître sous le déguisement bien rembourré de Falstaff qui circule de salle en salle, sourire aux lèvres, verre en main, observant tout le monde sans se fixer ni parler à qui que ce soit. Renseignements pris, il s'agit du consul d'Angleterre, sir Percy Snitterley.

Le rio del Val illuminé brille à l'arrière-plan. Les impostes sont partout grandes ouvertes. En vient l'air de la nuit : parfum de mer et celui, plus sournois, des eaux dormantes.

Il y a maintenant moins de personnes dans le hall. Des bustes d'empereurs et de matrones – cousins de ceux de la salle à manger – jettent du fond de leur niche leur regard de marbre sur une dizaine de convives qui parlent plus posément. Les arrivées ont cessé. Dans le *picio teatro* s'entassent capes, pardessus, mantelets.

— Ah, cher maître, vous revoici !

Quittant le salon où se prélasse Klugo, Vissarion Paliash a retrouvé le musicien. Piotr Ilitch ne peut cette fois s'esquiver. Son visage se recompose, l'invariable masque de l'interlocuteur amène. Plus tard, son sévère et hautain disciple, le virtuose aux longues mains, confiera, toujours de sa voix monotone : « Dans ses cinq ou six dernières années, Piotr Ilitch, s'était fabriqué un visage public distant et candide qu'il abandonnait lorsqu'il ne se pensait plus observé et qui devenait celui d'un garçon de verre très triste et presque émerveillé de son désenchantement, ce visage qui fut définitivement le sien sur son lit de mort au terme de l'infernale agonie. »

— Nous nous sommes vus à Lübach, cher maître, aux représentations d'*Eugène Onéguine*. Et à Prague.

Piotr Ilitch, cependant, croit toujours qu'il s'agit d'Anatol Vanatori :

— N'était-ce pas plutôt, cher monsieur, au restaurant Leiner à Pétersbourg, en mai dernier ? J'y dînais avec mon neveu Bob.

— Au mois de mai, j'étais en Hongrie, monsieur le Professeur. À Clausenburg, pas à Petersbourg.

— En Transylvanie ?

— Oui, Kolozsvár, Clausenburg. Cluj, si vous préférez le roumain. Dans l'Empire, c'est comme ici ce soir. Villes et personnes ont plusieurs noms, selon qui leur parle.

— Bob m'a dit que vous possédez de vastes forêts en Transylvanie.

— Maître, je ne suis ni roumain, ni hongrois. Je suis géorgien. Vissarion Paliash. Souvenez-vous : nous avons soupé à Lübach en compagnie de Mlle Marga. C'est moi qui vous ai recommandé à Basil Bartovitch pour le séjour au palazzo.

Tchaïkovski qui comprend maintenant sa méprise ne peut répondre. Le petit Garbuglio Tenhebr survient et corne : Au Salone, cher Guglielmo ! La Marga, j'ai enfin débusqué la Marga. Ne la cherchez plus. Elle est au Salone ! Il bat des mains.

Vissarion le suit, entraîne Piotr Ilitch. Garbuglio les précède : Et vous allez voir ce que vous allez voir. Je vous réserve un tour de ma façon.

Lorella Marga se tient debout à gauche de la grande cheminée, près d'un guéridon à torsades. Elle est vêtue en Marghetta. Inspirée du conte de Pifania Vécia, sa robe suit le corps, jouant des blancs purs ou cassés selon les jeux de la dentelle et de la soie. Nouée sur la hanche, une ceinture-écharpe de taffetas, d'un orange vif, reprend la teinte de la broche d'orchidées qui fixe le chignon.

Les trois hommes se fraient un chemin parmi les cercles de causeurs, contournent la danse. Au-dessus d'eux : des nuages percés de ciel, des dieux, des héros, des nymphes, des satyres et des génies postés aux corniches ou au centre près du lustre. Un pavois en trompe l'œil semble tomber du plafond vers le panneau principal autour de la grande cheminée.

Pygmalion s'agenouille bras ouverts devant sa statue devenue femme. Jupiter, Junon, Vénus, Diane et Mars s'en amusent tandis que leur cour s'émerveille. Seul Vulcain fait grise mine. Le forgeron boiteux sort de l'angle droit créé par le panneau et la première porte-fenêtre donnant sur le canal. Il lance un regard mauvais au sculpteur.

« Qui, sauf toi, croit un instant que ta passion pour ce neveu tout frais soit un sublime sentiment paternel ? » Ainsi parlait la fausse abbesse du Nouveau Couvent des Jeunes Nonnes. Apoukhtine déguisé en nonne ? Tout à fait son genre. À moins que ce ne soit le Maure qui se moque de la sorte. Le Maure et Bob, riant du vieux Piotr confit dans ses désirs ? « Pygmalion n'a pas sculpté la statue de sa belle par amour de l'idéal, murmure encore la fausse abbesse à la peau bleue. Tu le sais : il façonnait sa poupée d'autant plus suave et désirable qu'il entendait, pour finir, coucher avec elle. Bob ne t'a rien promis et ne te doit rien. Quel droit aurais-tu sur lui ? Pourquoi se soucierait-il de toi ? »

Une dizaine de personnes attirées par l'agitation s'attroupent, certains reconnaissent le compositeur. Maître, s'il vous plaît, maître, s'il vous plaît, jouez-nous un morceau ! Avec Mlle Marga !

Oh oui, accompagnez-la ! Mais les deux Tenhebr montent la garde : Le maestro Tchaïkovski est venu à Venise pour se reposer, n'est-ce pas ? Pour oublier, peut-être. Hélas, il faut si souvent oublier... hélas ! Voulez-vous entendre l'accordéon ? Mais non, cher frère, vous l'assommez : le maître fait de la musique, la nuit, le jour. Un café, plutôt. Non, non : un cognac, n'est-ce pas maître, un cognac !

L'orchestre attaque une pizzicato-polka.

Falstaff, dont le ventre vient de bousculer Piotr Ilitch, esquisse un pas de danse, et commence l'air de Verdi : *Quand'ero paggio del Duca di Norfolk,* quand j'étais page du duc de Norfolk, j'étais fluet, fluet, *ero sottile, sottile.* D'une voix toute légère, pincée. *Sottile, sottile.* Fluet, fluet. Mais avec un accent d'Oxford si manifeste que l'italien sonne de façon très étrange. Au même moment, près du salon des Tapisseries, à la table de jeu, le banquier lance son appel : Au pharaon, messieurs, au pharaon, mesdames ! Une quinzaine de personnes s'apprêtent à ponter.

Piotr-Mandolin, le grand Vissarion-Guglielmo et le petit Garbuglio s'approchent de Lorella Marga que plusieurs personnes félicitent. On ne parle que de son bonheur avec le baron Klugo. Paliash penché vers Piotr Ilitch grogne : Son bonheur ? Avec ce rapin ! Ils vont vite en mesure... Sa voix grave gémit comme une poutre. Surplombant Lorella, le Vulcain de la fresque, vu de près, semble un magicien fantasque, jaloux de Pygmalion et de sa femme-statue mais aussi du couple que forment – dans le Salone – le baron Klugo et la chanteuse.

Piotr Ilitch et Vissarion Paliash s'apprêtent à saluer Marga quand Trajane se glisse entre les deux hommes : Quel plaisir, Piotr Ilitch, vous connaissez donc notre ami Vissarion. Tout de suite, bas, à l'oreille de Tchaïkovski : Ce grand couteau, c'est le Géorgien, le marchand d'armes dont je vous parlais ; Lorella n'attendait que de lui céder, il a trop hésité. Il se réveille un peu tard. Notre amie est imprévisible : choisira-t-elle Klugo ? Sinon, Paliash ? Ou bien le conseiller Scharnast ? Mais où se cache-t-il, ce soir, notre conseiller ? Nous verrons. L'affaire me ravit. Sur quoi, Trajane-Pallade s'écarte afin de laisser le janissaire Barbaros-Klugo et le long Guglielmo-Paliash se serrer la main. Indifférent mépris chez l'un, acrimonie hautaine chez l'autre.

Klugo prend Trajane et Lorella par la taille, cligne de l'œil au long Paliash déconfit. Le gros petit Garbuglio s'agite toujours, tire des papiers de sa poche. Et trompette :

— Dans la maison des mannequins et des masques, voici l'heure des enveloppes surprises ! Droit venues de la poste Barparoz, certifiées par huissier ! Par moi-même, Garbuglio Tenhebr. Mesdames, messieurs, nous vous proposons notre Loto. Le loto du Grand Amour. Des amours bien enveloppées, haha. Des amours surprises. L'homme ou la femme de votre vie, de votre nuit, se trouve là-dedans madame, là-dedans monsieur. Enveloppe rose carte bleue pour les femmes qui cherchent leur homme. Enveloppe bleue carte rose pour les hommes qui cherchent leur femme. Apothéose !

Il fait de la bouche le bruit d'un sifflet. Les enveloppes roses se rangent en éventail dans sa main gauche, les bleues dans la droite. Avec une sorte de révérence, il propose à Trajane de tirer le premier pli. Elle ouvre : c'est le Joker où se trouvent dessinés, mi-partis, les frères Guglielmo et Garbuglio Tenhebr. Trajane s'en amuse, pince la carte entre deux ongles, en effleure ses lèvres. S'adresse à Klugo : Voici ton tour, mon ami, tu dois piocher. Mais elle choisit elle-même l'enveloppe, la lui donne.

Klugo grogne : Jangalon, le Valet de Pique. Mais je n'aime pas les valets, moi, dindon-dindu ! Je laisse les petits valets aux grands artistes. J'aime les dames, voyons, j'aime les dames ! Garbuglio claironnant aussitôt : Eh bien, pour vous monsieur le Janissaire, ce valet n'annonce pas qui sera dans votre lit, mais désigne qui vous y amènera une dame – tandis que Trajane fixe Lorella de ses yeux gris-verts. Lorella ne s'en aperçoit pas.

Klugo le Maure, satisfait : Dit ainsi, c'est déjà mieux. Ce Valet de Pique, dont j'ai tiré la carte, est Jangalon le jongleur. Le maître des masques. Le prestidigitateur. Ce personnage, mes jolies, vous prend par effraction. Tant mieux s'il vous mène ensuite jusqu'à moi.

Tout en faisant virevolter la carte, Klugo cligne de l'œil. Une brune courtaude se trémousse près de lui. Klugo : Mesdames, prenez garde ! Prenez garde ! Jangalon fait son tour, il jongle cul par-dessus tête ! La carte papillonne entre les doigts du Balte ; il la plonge soudain entre les deux seins de la grassotte. Elle pousse un faux cri d'effroi.

Paliash, dans un murmure, à Piotr Ilitch :

— J'ai de mauvais renseignements sur ce baron Klugo. Un spéculateur, un escroc. Ce janissaire ne mérite pas sa bonne fortune. Par principe, il faut lui damer le pion.

Klugo le Maure, sans prendre garde à l'aparté, poursuit son jeu avec la grassotte : Chers amis, vous le voyez, cette carte se trouve dans une poste que ne fouillera pas Trajane. Posant un baiser sur la joue de la brune grassotte : Le Valet de Pique sera ton sésame, chérubin farceur. Puis Klugo vient brusquement à Piotr Ilitch :

— Vous craignez les masques, à ce qu'il paraît, Herr Professor. Pourtant, les enveloppes vous tentent, j'en suis certain, et plus encore les surprises qu'elles dissimulent. N'est-ce pas ? Des enveloppes autrement plus pimentées ? À votre tour d'entrer dans la poste. Grâce à moi, Jangalon de Pique, votre serviteur, vous percerez les secrets. Vous découvrirez l'autre par le trou de la serrure. Hé ! À défaut du reste n'est-ce pas ?

Trajane lui ferme la bouche de sa main :

— Faisons d'abord jouer Lorella, dit-elle. Au tour des femmes, maintenant.

Lorella Marga tire Giglo, le Valet de Cœur.

Klugo, à Piotr Ilitch, avec une bourrade : Giglo le gigolo ! Que de surprises dans les enveloppes. Se tourne vers Marga :

— Il te faut donc aussi le Giglo-Luigi, mon bel ange ! Tu es incorrigible. Voyez comme sont les femmes : Lorella, de jour, tient le rôle de la douce et dévouée Marghetta : elle soupire pour son Sieur mort, le noble prince Arnaldo, doge de Venise. Lorella, de nuit, est Giglotte fricotant avec le petit Giglo, laquais pervers. Le prince t'irait pourtant mieux, ma jolie. Le prince Arnaldo. Tu n'aimes que les princes morts.

— Arnaldo ? Trop compassé, trop engoncé, trop indécis, répond Lorella. Un amoureux transi. Je les préfère vivants.

— Voilà bien les femmes. Un : tu conquiers l'amiral Barbaros. Deux : tu séduis le doge Arnaldo. Et trois : tu en pinces pour Giglo, l'amoureux des midinettes !

Elle lance :

— Pourquoi pas ? J'ai l'âme d'une midinette. Giglo est frais, il est vif. On l'adore, on l'oublie. On l'aime un peu, beaucoup, passionnément, à la folie. Pas du tout... On le pleure alors au moins toute une journée. Puis ouste ! Au suivant. C'est la jeunesse !

Trajane prend Lorella Marga par le coude :

— L'âge vient, ma chérie, l'âge vient où ce sont les Giglo qui ne restent pas jusqu'au bout, qui nous quittent bien avant d'être quittés.

Lorella rit :

— Cela nous évite l'ennui de les congédier.

L'orchestre attaque une valse.

Lorella-Marghetta danse avec Klugo-le-Janissaire, s'abandonne, s'emporte. Klugo l'entraîne, brutal, charmeur. Trajane montre à Piotr Ilitch l'entrée du Salone où vient d'apparaître le laquais Luigi :

— Oh, voyez, cher maître ! C'est très surprenant. Regardez ! Oui, voici notre Giglo qui n'est plus Giglo.

En effet, contrairement à ce qui semblait prévu, Luigi ne porte pas la livrée du valet dépravé mais l'habit tourterelle du prince Arnaldo. Si beau, si gracieux, si résolu qu'on s'écarte à son passage.

— Peut-être Lorella changera-t-elle d'avis sur le prince Charmant, dit Trajane. Celui-ci est un peu canaille. Il a tout pour lui plaire.

Piotr Ilitch, sans rien laisser paraître à la vue du jeune homme :

— Lorella ne paraît pas heureuse.

— Tant pis pour elle. Avec les cartes dont elle dispose, vous et moi serions heureux.

— Peut-être souffre-t-elle d'avoir un trop beau jeu. Meilleures sont les cartes, plus pèse la déconvenue. Luigi dit souvent cela : les vieux souffrent davantage.

— Nous, vieilles ? Comme vous y allez.

— Pour Luigi, on est vieux à quarante ans.

— Voici Luigi philosophe ?

— Laissons-le. Vous comprenez, madame, ce que j'entends par vieux. Plus on a d'expérience, plus grande est la maladresse. Plus vive l'attente, plus mortelle la déroute. Depuis un an j'ai beaucoup voyagé ; par force, j'ai un peu réfléchi. À l'esprit m'est revenu ce vers de Dante : « Il n'est pire misère qu'un souvenir heureux dans les jours de douleur. » L'amour n'est jamais, en effet, qu'un souvenir heureux. Il n'existe qu'au passé. Au présent, l'amour n'est que douleur. Seul l'espoir d'un bonheur futur le rend supportable. Puis le destin tranche le fil : suspendu comme l'épée de Damoclès, le coup finit par tomber. Il n'y aura pas de bonheur. Le coup du sort, le fatum. Oui, l'amour n'est qu'une illusion tardive : on se figure avoir connu le bonheur. On ne le connaît pas.

— Charmante compagnie. Luigi, devenu prince et moraliste. Vous, plus noir qu'un moine.

Klugo le Maure revient auprès d'eux. À ses côtés, une nouvelle cavalière : la femme-Pierrot qui lui portait le champagne dans le salon des Tapisseries. Lorella Marga est passée dans une autre salle. Piotr Ilitch la suit des yeux, quitte l'angle de Vulcain. Klugo l'interpelle. Bombe son torse de janissaire devant le musicien :

— Votre carte, doktor-professor. Vous n'avez pas tiré l'enveloppe.

Piotr Ilitch ouvre à son tour : sa carte est Pallade, la Dame de Pique. Avec un pâle sourire à Trajane, qui porte le costume de la veuve :

— Je confondais, jusqu'à ce soir, Pallade avec une vieille et riche amie qui, chaque heure, s'enrichit par milliers et chaque jour par dizaine de mille. Vous nous montrez d'elle, chère Trajane, un tout autre visage.

— Vous êtes galant, monsieur le Professeur.

Le cornet du petit Garbuglio Tenhebr crie soudain : Il faut mourir de rire ! Le gros homme donne une tape à l'épaule du Russe. Tenez ! Du poulet, du bœuf. Cognac ! Ce n'est pas de la viande froide qu'il faut au maestro mais de l'amour. De l'Hââmôur. Vive l'amour. Nous voulons de la chair fraîche, ah, ah, ah, ah ! De la chair fraîche. Mon petit Luigi, où es-tu mon petit Luigi, maintenant prince de Venise ? Nous voulons de la chair fraîche.

Un prélude commence au piano.

Klugo a pris de vitesse le long maigre Paliash, qui voulait accompagner Lorella Marga : « Ah non, pas de mélancolie, ni de triste figure, monsieur Vissarion. C'est carnaval ! Accordons-nous ». Le hautbois esquisse un air. Les autres instruments veulent suivre. Une sorte de choral tourne court. Une discussion commence : pour le concert, jouera-t-on une musique de salon ou de la grande musique ? Garbuglio tranche :

— Tout à l'heure Mlle Marga couronnera cette Saint-Jean par des airs sérieux et des passions extrêmes. En attendant, allons-y pour le *dramma giocoso*, le seul qui convienne. La joie m'inspire le drame. Le drame m'inspire la joie. Il faut mourir de rire.

Piotr Ilitch s'écarte du groupe, traverse la salle à manger.

Les bustes aux yeux d'albâtre se regardent les uns les autres, absents. L'éclairage, très doux, laisse voir le ciel du plafond. Quelques couples parlent ou s'étreignent.

Piotr passe sur le perron, au-dessus du jardin.

Des lumignons, des lampions et des falots brillent le long des sentiers. Des lanternes éclairent la pergola, les salons de verdure. La nuit estompe le reste. Les étoiles emplissent le ciel. La forme sombre du clocher de Santa Murgana, des toits et du campanile se découpent, bleu marine, sur le bleu doux.

Lorella Marga se trouve près de la petite Diane aux cornes de lune, là où se tenait Piotr Ilitch lorsqu'ils se revirent au début du séjour. Elle boit une coupe ; regarde la nuit.

— Je n'en puis plus, chère amie, je monte dans ma chambre. Je voulais vous saluer. Sans doute partirai-je demain.

— Nous nous sommes à peine vus, monsieur le Professeur.

Derrière Diane, des falots éclairent joliment, taches de couleurs, l'autre salon de verdure où parlent à mi-voix, mais très vifs, trois costumes d'opéra : une dogaresse de *Marino Faliero*, un cardinal de *La Juive* et une Écossaise de *La Dame blanche*, à longue jupe de tartan bleu et rouge. Le grand et gros Falstaff, plus loin, marche le long du petit chenal où se reflète le ciel nocturne. Il s'arrête souvent et, mains derrière le dos, regarde les étoiles, le jardin ou la fête à travers les baies grandes ouvertes de la salle à manger.

Tchaïkovski s'assied à côté de Marga, silencieux, dans la lumière de la lune et d'une lanterne chinoise. Elle se tient droite. Des perles nouent son chignon sous les fleurs ; à ses oreilles, des pendentifs soulignent la nuque et le port de tête. Selon ses gestes, son visage se fait sévère, gracieux ou caressant.

— Je vous pensais, dit Piotr Ilitch, auprès du baron Klugo.

— Il mène sa vie.

Un chant s'élève, venu du Salone : un alto masculin, parfois métallique mais adroit. Les paroles, gaillardes puis paillardes jouent le grotesque par contraste avec la musique. Garbuglio Tenhebr, le petit gros, a greffé la rimaille d'une chanson à boire sur la mélodie d'un psaume de David. Avant d'entonner, il a glapi :

— Paroles ? Celles du *Priape assoiffé*, ode membrée de Barbaros le Maure ! Musique ? Celle que Traetta, excellentissimes amis, composa pour le *Miserere*, voici plus d'un siècle. Traetta, injuste oubli ! maître de chapelle de l'Ospedaletto, du temps de la noble République de Venise. C'était un confrère du maestro Mandolin.

Puis Garbuglio entonne : « Misère de moi, bouteille, délicieux goulot » au lieu de : « Pitié pour moi, mon Dieu, en ta grande bonté ». On rit. Cela se perd toutefois dans la rumeur de la réception.

Du jardin, on n'entend à certains moments que la mélodie du *Miserere*, sans les mots de Priape – libérée de la parodie, la seule musique. L'intensité de celle-ci naît du contraste entre le désarroi de David, le roi pécheur, lançant son *Miserere* et sa confiance envers celui auquel s'adresse la plainte. Surmontant les fausses paroles, le chant laisse entendre la demande de pardon malgré les mots dérisoires. La ligne est simple avec des inflexions douloureuses parfois accentuées par des ornements qui ajoutent par leur pureté aux souffrances que les obscénités de Garbuglio imposent à la mélodie.

L'air s'achève avec les vocalises de l'espoir retrouvé, dans l'attente de la miséricorde. À la place de : « Seigneur, ouvre mes lèvres et ma bouche publiera ta louange », Garbuglio lance : « Chloris, ouvre ces lèvres, de ma bouche jaillira l'allégresse ». Sa voix fait des pirouettes jusqu'à l'envoi final. Le verset : « À tes autels seront offerts de jeunes taureaux » devient « Alors, le jeune taureau saillira ton autel ». S'en suit l'*Alléluia*. Rires, applaudissements, rumeurs, éclats de voix venus du salon des Tapisseries, de la salle à manger. Au Salone, la table de jeu relance des appels. « Au jeu, mesdames ! Au jeu messieurs ! »

Lorella Marga :

— Je n'ai pas de chance avec les hommes en ce moment.

— Moi non plus, répond Piotr Ilitch.

— Vous ne me faites pas rire monsieur le Professeur.

Lorella ne met toutefois pas dans la réponse sa sévérité de l'après-midi lorsque Piotr plaisantait sur la roulette russe. L'affection se laisse entendre, un peu bourrue. Elle ajoute : J'ai les mains froides, tenez – prenant celles du Russe – vous me les réchaufferez. Il garde les mains de la chanteuse dans les siennes, embarrassé : Quelqu'un pourrait venir. Je ne voudrais pas vous compromettre. Elle s'incline vers lui : Cette fois, vous me faites rire, monsieur le Professeur !

L'orchestre du Salone enchaîne. Un nouvel air : clarinette, hautbois, basson, puis l'accordéon. Le petit Garbuglio adopte maintenant une voix de fausset, avec une certaine grâce. « Vous me pardonnerez, excellentissimes amis. Changement à vue, pour cet air-ci, je ne suis plus castrat. Je suis l'une des jeunes orphelines de l'Ospedaletto. Je fais les débuts de ma toute petite voix dans un autre *Miserere*. Les chastes paroles sont du roi David dans le latin de saint Jérôme, sur une musique gaillarde du révérend père Carmin Dos Burnes. » Cette fois, le texte du psaume se plaque sur une musique de corps de garde.

Les rires reprennent. La musique se prête à la danse, des couples se lancent, les sons se brouillent. On distingue les halètements de l'orchestre. Surnagent quelques versets rendus absurdes par le contexte : *Dele iniquitatem meam*... Purifie-moi de mon péché *ploum, pam, pam*... *Amplius lava me*... Lave-moi tout entier de ma faute, *ding, ding, dong*...

Dans le Lanbarinto, la première nuit d'été reprend ses droits.

Piotr Ilitch :

— Quelle sottise, ces enveloppes.

— Vous aimez pourtant les jeux de hasard, monsieur le Professeur.

— Aucun hasard dans les enveloppes surprises. Elles ne laissent pas de choix, vous imposent un destin. Jangalon, Giglo, Dame de Pique, et autres.

— Vous y croyez ?

— Ce sont des signes, chère amie. Il ne faut pas tenter le sort.

— Le destin n'existe pas, monsieur le Professeur. Ces cartes n'indiquent rien, ou rien qu'un badinage. Que les cartes me désignent comme une Marghetta des contes ou la Giglotte des chansons paillardes, quelle importance ? Je suis Lorella. Aucun fatum ne pèse sur moi. Je n'ai pas de chance en ce moment, voilà tout. Klugo va bientôt finir mon portrait, qui est beau. Qui, toutefois, ne répond pas à ma question autant que je le veux. Klugo m'a peinte pour mes yeux bleus, mes cheveux noirs, mes épaules, mon *port*, comme disent les Français, et non pour moi-même, contrairement à ce qu'il prétendait.

— « Dieu seul, mon enfant, t'aime pour toi-même », disait Mlle Fanny. Hélas, chère Mademoiselle, on ne rencontre pas Dieu facilement. Le plus souvent, c'est à la fin.

— Je ne cherche pas la fin, comme le font les adeptes de votre roulette russe, mais le secret de la fin. Pendant que Klugo peignait et qu'il me fallait garder la pose, j'ai pensé à la cassette de Chatte blanche, au grain de millet. La fin se trouve dans le grain de millet et cette fin est une toile si vaste que toute la création s'y agite. La fin n'est pas fixée, elle n'est pas immobile, contrairement à l'instant présent de mon portrait. Aussitôt peint, mon portrait devient un bel instant déjà passé ; pour toujours passé. À l'inverse, la toile de quatre cents aunes, qui tient dans un grain de millet, est entièrement présente, incroyablement vivante.

— Un conte, chez nous, dit qu'un prince, pour obtenir sa belle, dut l'arracher à son geôlier, le terrible Kastcheï, corps sans âme, carcasse sans chair. On ne peut vaincre Katscheï qu'en le frappant à mort. La mort de Katscheï, cependant, ne se trouve pas en lui. Nous portons tous en nous notre mort. Celle de Kastcheï est ailleurs, cachée. Chose étonnante, c'est l'atroce Baba Yaga qui met le prince sur la voie. Elle lui donne une épingle. La mort de Kastcheï, lui apprend-elle, se trouve dans un œuf. Ivan doit donc retrouver l'œuf. Cet œuf se trouve dans une cane, qui est dans un lièvre, qui est dans un coffre, qui est sous un chêne, qui est sur une île. Une fois qu'il aura trouvé l'œuf, qu'Ivan le casse avec son épingle. Kastcheï, ayant perdu son secret, devra lui donner la belle Vassilissa.

Sous la lumière de la lanterne chinoise, Lorella Marga refait le geste du joaillier. L'aiguille entre ses doigts.

— En effet, ma mort ne se cache pas au bout de l'épingle mais mon secret s'y trouve. Il faut que j'en perce l'œuf. Que j'entre dans le temps, dans les heures, minutes et secondes qui, jusqu'à maintenant glissent sur moi. Les jours, les années s'en vont ; le temps se rétrécit. J'aimerais qu'on ne m'engage plus seulement pour chanter Tatiana. Pourquoi ne me demande-t-on pas votre vieille Gräfin de *La Dame de Pique*, l'ancienne « Vénus moscovite », rabâchant ses conquêtes ?

Elle fredonne :

> *— Et qui dansait avec moi ? Qui chantait ?*
> *Le duc d'Orléans, le duc d'Ayen...*

S'interrompt :

— Quelques minutes après avoir chanté ses souvenirs de Versailles, la comtesse meurt, n'est-ce pas ? On l'assassine.

— La comtesse meurt de peur, pour être exact. Terrifiée par un homme qui la menace.

— C'est presque pareil. Un bel homme, au moins ?

— Un bel homme qui veut lui voler son secret.

— Votre momie a de la chance. Au moins inspire-t-elle encore assez de désir pour qu'un bel homme la tue. Elle n'aura plus froid, désormais.

Lorella Marga reprend :

*— Et qui dansait avec moi ? Qui chantait ?*
*Le duc de Coigny... La comtesse d'Estrades,*
*Le marquis de Saint-Arnaud...*

Conclut par un silence, puis ajoute :

— Peut-être serais-je seule, comme la Gräfin. J'aurai froid : les vieux ont froid. J'ai déjà froid, monsieur le Professeur.

Les bouffonneries lointaines du Salone s'effacent un instant. Ne persistent que les murmures du jardin, les conversations nocturnes. Piotr Ilitch repose doucement les mains de Lorella sur les dentelles du costume de Marghetta, qu'elle porte ce soir. Fait ensuite quelques pas dans sa tenue de *maestro di cappella* du temps de Goldoni. Regarde du côté du chenal. Une gondole y opère un demi-tour, éclairées de quinquets. Sur un banc de pierre, contre le mur de la loggia, sous la grosse lanterne de tôle, un Renaud aide son Armide à retirer de sa chaussure un caillou. À l'autre bout de la banquette, Falstaff observe la scène, les mains sur son ventre d'oreillers.

Alors que Tchaïkovski revient vers la statue de Diane, Klugo surgit sur le perron de la salle à manger, au-dessus du jardin. Rouge, doré, noir, flanqué de deux porteurs de torches et de trois musiciens, il entonne :

*— Il faut faire l'amour*
*Et ne s'épouser guère.*
*Il faut faire l'amour*
*Sans curé ni notaire.*

Le cor canarde, la trompette force les aigus, le trombone dégouline. Klugo, emphatique : *Cessez, messieurs, d'être épouseurs*. Quelques admiratrices rient derrière lui, esquissent une sorte de furlane.

*— Cessez, messieurs, d'être épouseurs,*
*Ne visez qu'aux tirelires,*
*Ne visez qu'aux tourelours,*
*Ne visez plus qu'aux cœurs !*

Lorella Marga, toujours à l'abri de la tonnelle, agacée, entonne sur le ton des litanies qu'on chante en procession : *Domine fallo casto !* Seigneur, rends-le chaste. À ce moment, le grand Falstaff surgit du côté de la Loggia. Sa panse fend les buissons à la manière d'un rostre. D'une voix de basse, toujours en litanie : *Ma salvagli l'addomine !* Mais sauve sa bedaine.

Piotr sursaute. Lorella se retourne. Reprend : *Domine fallo guasto !* Seigneur, rends-le châtré. À quoi l'autre répond avec son italien d'Oxford : *Ma salvagli l'addomine*. Puis s'incline pour lui baiser la main, s'exprimant cette fois en anglais : Percy Snitterley, mes hommages, madame.

Elle a un fou rire : Enchantée. Puis, toujours amusée, avec une hésitation : L'espace d'un moment, je vous ai pris pour un autre. Mais, je suis enchantée, monsieur Snitterley.

Se tourne vers Tchaïkovski :

— M. Snitterley, manifestement, connaît déjà le *Falstaff* de Verdi. Je viens de vous en offrir, avec son aide, un bout du finale. Les commères de Windsor, lasses des forfanteries de l'énorme Falstaff, de sa paillardise, de ses avances et de ses importunités finissent par le berner lors d'une mascarade. *Fallo punito, Domine !* Qu'il soit puni, Seigneur. La Saint-Jean, ce soir, vaut presque ce finale.

Elle rit encore : « Désormais, Klugo sera pour moi, Sir Jods Kougloff, *cavaliere* » – et, plus sérieuse : Ce *Falstaff* vous plairait, monsieur le Professeur. Restez encore quelques jours, venez à la Fenice, ne serait-ce que pour la répétition générale.

Piotr Ilitch s'incline, lui baise aussi la main : Je dois vraiment partir, vous m'en excuserez – tandis que l'Anglais, toujours à Lorella Marga : J'ai eu l'honneur de vous entendre, madame, lors de la première à Milan, début février.

Il s'incline, avec autant de cérémonie que le permet son ventre. Disparaît vers le labyrinthe de buis et le perron.

Piotr Ilitch sort une Sobranie de son habit. Un serviteur en perruque poudrée passe avec un plateau de boissons. Piotr tend une coupe à Lorella, en prend une pour lui.

— Les ivrognes de Moscou colportent une petite moralité. Ce pourrait être une version pocharde de notre roulette russe, que vous n'aimez pas. Une forme de pari.

Il chantonne :

*Quand t'es saoul, t'es Jésus.*
*Tu t'sens fort, si fort qu'tu marches sur l'eau.*
*Et si lourd, qu'tu coules.*
*Alors, sois bien saoul, mon frère*

*N'dessaoule pas quand la Mosk'va t'noie.*
*Ivre mort, tu t'sentiras toujours Jésus.*
*Ivre mort, tu t'sentiras si fort*
*Qu'toi aussi, pt'êt ben, tu r'ssuscit'ras...*
*... l'jour numéro trois !*

Il tire une bouffée de sa cigarette. Poursuit :

— Pari du pochard. Le prochain verre rachètera du précédent. On a perdu mais on rejoue pour se refaire. Bien sûr, malgré quatre, huit ou douze cognacs, nous savons que nous ne sommes pas Jésus. Ça vaut pourtant la peine de parier qu'on marchera tout de même sur l'eau. Sans couler. Le barillet d'un Nagant compte six compartiments vides, un seul chargé. Ce n'est pas rien qu'une chance sur sept de rouler le destin à la roulette.

L'orchestre a cessé, là-bas, ses chansons gaillardes et coups de reins. Commence un glissement langoureux : une valse de brasserie. La voix de soprano à peine pubère du gros petit Garbuglio chante à nouveau sur cette musique canaille des paroles austères : *Asperges me, Domine... et mundabor : lavabis me... super nivem dealbabor*. L'harmonie se fait poisseuse.

— Il semble que ce soit du latin, monsieur le Professeur.

— Je connais mal la liturgie romaine. J'ai surtout fait du latin en droit.

Il tend l'oreille :

— *Super nivem dealbabor*. La neige : *nivem*. Au-dessus de la neige ? Mieux que la neige ? *Dealbabor*, j'ignore le sens. Ce doit être le grand psaume de Pénitence, que Rome appelle *Miserere*. Il semble décidément, cette nuit, qu'ils en veuillent au *Miserere*. « Pitié pour moi, Seigneur, en ta bonté. » Le verset qu'ils massacrent dit : « Tu me laveras, et je deviendrai plus blanc que la neige. » Ils ont besoin de salir la neige.

— Joli mot, *dealbabor*.

— Je chercherai le sens exact, mademoiselle.

La lune monte. Elle éclaire maintenant les deux tiers du jardin.

— En voulez à quelqu'un, monsieur le Professeur ?

— Pourquoi dire cela ?

— Parce que vous vous en voulez.

— J'en veux au carnaval, aux masques, aux enveloppes surprises, aux amours menteuses.

— Vous et moi sommes déguisés, vous et moi sommes masqués, vous et moi truquons les enveloppes, vous et moi mentons par amour.

Un valet à perruque survient, l'interrompt :

— Le bal va commencer au Salone. Le baron Klugo vous prie, madame, de bien vouloir l'ouvrir avec lui.

— Dites au baron que je me réserve pour chanter au concert de minuit. Il trouvera certainement la cavalière qui convient pour la première danse.

Marga et Tchaïkovski regardent le valet remonter le perron et parler à Klugo-Barbaros. Quelques instants plus tard, commence une valse solennelle et pompeuse – les temps lourdement marqués. Klugo, le janissaire aux couleurs chamarrées, donne la main à Trajane, magnifique dans sa robe aux allures d'if, rehaussée de diamants. Ils saluent les spectateurs encore dans le jardin, puis tournent le dos dans une posture versaillaise, chacun tendant le bras à l'autre. La musique s'enfle.

Non loin de Marga et Tchaïkovski, sans doute dans l'autre salon de verdure, la voix de Sir Percy Snitterley, Falstaff d'un soir, chante : *Tutto nel mondo è burla...* le monde entier n'est qu'une farce, l'homme est né farceur... *l'uom è nato burlone* – thème d'une grande fugue reprise, voix après voix par la troupe, en conclusion de l'opéra de Verdi. Si bien que Lorella Marga, de bonne humeur, esquisse à son tour l'enchaînement : *Tutto nel mondo è burla...* Se tait, puis après un moment de silence, sur fond lointain de la valse pompeuse. Dit ensuite :

— Cette fin de *Falstaff* ne peut-être, comme il se doit, que mi-figue, mi-raisin. Les derniers mots sont : *Ride ben chi ride la risata final.* Rira bien qui rira le dernier. Il ne faut donc pas s'en vouloir, monsieur le Professeur, de se masquer, de truquer les enveloppes et de mentir par amour. Car nous ne savons jamais le fin mot de l'histoire.

Elle se lève et lui tend la main. Il s'incline et l'effleure des lèvres.

— Bonsoir, Piotr Ilitch. S'il vous plaît dites-moi demain le sens du mot *dealbabor*. Je vais aller un peu plus loin bayer à la lune. Tout à l'heure, je chanterai.

Elle se dirige vers le chemin dont un globe chinois marque le début. Tchaïkovski fait quelques pas vers le perron. Elle le rappelle :

— Jésus m'intéresse, malgré les prêtres qui me le rendent insupportable. Et vos pochards de la Moskova sont sympathiques. Souvenez-vous de ce moment où la foule veut lapider une femme adultère. Votre Jésus dit alors : « Que celui qui n'a jamais péché lui jette la première pierre. » Ils s'en allèrent, paraît-il, un à un. En commençant par les plus vieux. N'exécutez pas sur vous-même votre propre lapidation.

HUIT HEURES MOINS LE QUART.

Piotr Ilitch a poussé les panneaux de la fenêtre. Il l'a laissée ouverte. Il écrit déjà, rasé, habillé. Il a demandé le petit déjeuner pour neuf heures.

Les premiers reflets dansent sur le plafond de la chambre aux Livres : le soleil, venu du canal Saint-Marc, vient de se glisser à l'angle du rio et de la riva dei Schiavoni. Pas de mouvement sur le rio del Val : une barque parfois, silencieuse, ou le seul clapot de la rame d'un gondolier.

JOURNAL

Trouvé le texte et la traduction italienne du *Miserere* dans l'*Office divin pour le diocèse de Venise*. Quatre beaux volumes en maroquin rouge, tranches dorées, aux armes du Patriarche. *Asperges me Domine hyssopo, et mundabor : lavabis me, et super nivem dealbabor*. Ce qui donne à peu près : « Tu m'arroseras d'hysope et je serai purifié : tu me laveras et je serai plus blanc que la neige. » *Dealbabor* : je serai blanchi.

La clé de l'épouse de Barbe Bleue glisse des doigts, tombe dans le sang des assassinées. Impossible de la blanchir. La tache persiste. Quand je pense à mon Bobik, il y a la tache. Je me suis taché en lisant la lettre du Maure au Jubelzeit, qui ne m'était pas destinée. Je n'avais aucun droit de la lire. Rien ne me blanchit. Hier soir, Lorella Marga m'a dit : « Nous mentons par amour. » Nous nous mentons à nous-même aussi, par amour, pour aimer.

Le Z. Jouer malgré soi, malgré tout, la partie de trop. Aimer Bob qui ment. Mentir en aimant Bob d'un amour que j'ai taché, tué.

Le son résonne encore quand l'orchestre s'est tu. Et puis le son finit par mourir à son tour. Et puis l'amour finit par mourir avec la dernière résonance de l'écho.

La fin de ma *Symphonie à programme :* je n'achève pas avec un fortissimo, cette fois-ci ; la fin n'est pas brillante. Juste un long pianissimo de violoncelles et contrebasses, qui retournent au silence. Le cœur cesse de battre. La pierre est roulée sur la tombe, silence. La pierre roulée par Joseph d'Arimathie pour sceller le tombeau du Christ et que les derniers témoins de la Passion regardaient fixement, hébétés par l'échec de leur Maître, abrutis par leur souffrance.

Un carillon frais comme la matinée qui s'annonce belle, et la journée chaude. Les cloches de huit heures, proches ou lointaines. Un peu de vent, bien orienté, pas de brumes, ni d'eaux mortes. Le vapeur pour le Lido corne au départ.

JOURNAL

Ai rayé, l'autre jour, le nom de Bob en tête de la partition. J'étais furieux en faisant cela, injuste. Je le rétablirai.

Cette symphonie est pour lui, personne d'autre.

Je l'aime jusqu'à la mesure finale. Le fantôme d'amour dure toute la durée de l'écho. Après, plus rien : seulement le souvenir de l'amour, puis du fantôme d'amour. Plus de souvenir ensuite car il n'y a plus personne pour se souvenir. Un amour sans personne, et sans souvenir.

C'est une journée, puis deux, puis une semaine, puis deux, puis un mois, puis deux, trois. Tout ce temps d'après Bob, qui n'a plus aucun sens. J'ai cinquante-trois ans. Tout ce temps qui s'écoulera lorsque je devrai vivre sans aimer Bob : dix, vingt ans. Aucun sens.

S'il n'y a même plus le souvenir de l'écho, c'est qu'il n'y a plus personne pour se souvenir, plus personne pour aimer. Rien.

L'aimer comme un métronome jusqu'à ma mort. Tac, tac. Tac, tac. Ou l'horloge comtoise. Ce qui reste de la musique lorsqu'il n'y a plus de musique : le métronome. Tac, tac. Tac, tac. Pendant deux mois, trois mois, un an, cinq ans remonter le ressort. Tac, tac. Tac, tac. L'amour métronome. Aucun sens. Ne sais plus où je vais.

À neuf heures, Luigi frappe doucement, de l'autre côté de la porte. Piotr Ilitch pose la plume : Entrez. Se tourne vers la gauche. Luigi – surpris de voir la lumière, la fenêtre ouverte, le Russe vêtu, prêt. La femme de chambre, elle aussi surprise, pose le plateau sur la petite table. Se retire.

Luigi reste :

— On m'a dit que vous nous quittiez, maestro ?

— J'ai demandé le vaporetto pour midi. Vous aurez le temps de préparer les bagages. Par ailleurs – Piotr Ilitch montre le bureau où sont de nombreux papiers, classés, rangés en piles – vous mettrez cela, s'il vous plaît, dans vos corbeilles à verrous. Que le concierge jette tout dans la chaudière. Tout : y compris les lettres sous enveloppe, prêtes à poster. J'ai déjà tant de paperasses dans les malles et je verrai mes amis dans si peu de jours. Inutile d'envoyer ces lettres.

Luigi fait oui de la tête, s'approche du Russe : Maestro, vraiment, vous ne restez pas ? Son visage fin, les yeux noirs, ses lèvres ourlées, son sourire qui se trouble. Piotr se donne contenance ; se penche vers le bureau, se tourne légèrement de biais tandis que Luigi reste en face de lui, très proche. Piotr Ilitch prend le *Journal* où il vient d'écrire, le glisse dans la poche de sa veste. Puis recule.

Luigi baisse les yeux. Sa voix traînante, mais sans gouaille :

— Les jeunes souffrent aussi, maestro.

Piotr Ilitch, avec moins d'assurance :

— Vous étiez très beau hier soir, Luigi. Ce matin, vous êtes très beau. Vous resterez beau longtemps. Je ne serai plus là pour le voir. C'est dans l'ordre des choses. Mon temps est passé, Luigi. Je vous remercie du fond du cœur.

Luigi fait signe qu'il approuve. Reste encore immobile, à sa place, la tête légèrement inclinée. Se redresse, regarde droit dans les yeux Piotr Ilitch, qui soutient mal son regard : Je comprends, maestro. Je vous remercie également. Salue – mais pas à l'autrichienne, cette fois. Un salut triste. Puis se retire, ferme la porte avec douceur.

À midi, le vaporetto laqué noir du docteur Barparoz est à quai, sous la voûte, au pied des marches. On charge les affaires du compositeur. Dehors, par les grilles ouvertes, l'eau très bleue et, de l'autre côté, la façade de briques anciennes au vieux crépi, les rehauts de pierre blanche, le camaïeu d'ors, de gris sable –

un porche d'eau en arc aigu, dont la herse plonge sous le niveau du rio.

Lorella Marga se tient près du *picio teatro*. Luigi reste en retrait. Lorella porte une robe bleu pâle avec de fines broderies brunes, un fichu couleur tabac sur les épaules, un canotier à bandeau bleu, légèrement de guingois sur le chignon.

Piotr Ilitch ôte son chapeau, s'incline :

— *Dealbabor* signifie : « je serai blanchi ». Ils chantaient, hier, leurs horreurs sur ces paroles : « Tu me baigneras d'hysope, tu me laveras et je serai plus blanc que la neige ».

— L'hysope... Idéal pour ce temps, monsieur le Professeur : un parfum de garrigue, une blancheur aussi vive que le soleil. Et ce ciel...

— Lorella, j'ai pensé à ce que vous me disiez des lapidations. Les hommes de la haine et du ressentiment, les aigris, les jaloux de la beauté de cette femme, tous s'en allèrent. À commencer par les plus vieux. Par les pires.

— Et vous partez bien sûr le premier. Vous vous croyez plus vieux et plus mauvais ? Ne serait-ce pas une forme de complaisance ? Il me semble qu'il existe des pécheurs autrement plus endurcis que vous, vieux par leur âme méchante plus que par leur âge.

— Une fois tout le monde parti, ne restent plus, au Temple, que Jésus et la femme. La femme se tient devant lui. Il écrit sur le sable, sans répondre. On ne le voit qu'une seule fois écrire dans les Évangiles : nul ne sait ce qu'il écrivit, ce jour-là. J'ai moi-même beaucoup écrit ces derniers jours, beaucoup travaillé. C'était sur le sable. Sans vous, je n'aurais pas su que j'écrivais sur le sable. Maintenant, je l'efface. Je m'en vais.

— Dealbabor. Vous voilà net et propre. Et je suis moi, la lavandière... Vouée à mes grands rôles. Tatiana, folle amoureuse d'un médiocre. L'idéale Marguerite. La sublime Charlotte. Rédimée, rédemptrice. L'Éternel féminin. Vous me manquez, Piotr Ilitch. Et me manquerez.

Elle tire d'un petit sac d'osier une boîte en fer-blanc, qu'elle ouvre : quatre fioles d'eau nichées dans l'ouate. À contrecœur :

— Klugo m'a priée de vous faire la commission. Un service qu'il vous demande pour son ami de Réval, le colonel des équipages estoniens de la Flotte, le père de ce garçon en sucre d'orge, Volk-Farmer.

— Mantelvalg-Fermor.

— Je l'ai presque dit. Le colonel Man-tel-valg, de Réval, a un cousin. Ce cousin vit à Saint-Pétersbourg : le comte Stenbock-Fermor. C'est écrit là, je ne me trompe pas. Stenbock est l'oncle du charmant soldat de plomb, l'aspirant Fermor, que vous connaissez, paraît-il. L'ami de votre neveu.

Piotr Ilitch ne marque aucune émotion. Elle poursuit :

— Cet oncle Stenbock a pour lubie de collectionner les eaux de fleuves, de mers et de lagunes prélevées aux jours d'équinoxe ou de solstice. Vous rentrerez bientôt en Russie. Pourriez-vous conserver ces flacons de lagune vénitienne, millésimés Saint-Jean 1893, les donner au jeune aspirant Fermor pour qu'il les transmette à son oncle, le comte Stenbock, de la part du colonel Mantelvalg, cousin de cet oncle. Et tous Fermor. Voilà, c'est dit.

Elle désigne du doigt les étiquettes sur les fioles : eau du Grand Canal, eau de la Giudecca, eau de Murano, eau du Lido.

« Jolis noms mais toutes les pestes et tous les choléras sont à l'intérieur. Le comte Fermor collectionne les poisons, comme son ami Barparoz collectionne les boîtes aux lettres. S'il vous propose un cocktail d'eaux de fleuves, faites bouillir ! » Elle referme la boîte en fer-blanc. La donne au musicien.

Après un temps, elle tire de sa veste légère un portrait-carte. « En souvenir », dit-elle. « Une photographie prise par Klugo lors d'une pose ; un aide-mémoire pour peindre mon portrait. Cela m'évite de passer des heures à poser. »

Piotr Ilitch demande à Luigi de déverrouiller une mallette. Le couvercle de celle-ci s'ouvre sur la photo de Bob Davydov, enrobée d'un papier de soie blanc, et plusieurs cravates – elles aussi protégées. Une odeur de poudre de riz. Il place la boîte à côté du portrait de Bob et le portrait de Lorella Marga sous les cravates. Range un peu plus longtemps qu'il n'est besoin. Puis :

— Qu'en est-il du baron Klugo ?

— Pour une fois, j'imiterai le dénommé Jésus, monsieur le Professeur. J'ai tracé avec Klugo quelques signes sur le sable. Il ne sera même pas besoin de tourner la page. Elle n'aura pas été écrite. Dealbabor.

Quand le vaporetto entre dans le canal Saint-Marc et manœuvre vers la Giudecca, Piotr Ilitch aperçoit les silhouettes de Lorella Marga et de Luigi, debout devant les Nouvelles Prisons, à l'angle du palais ducal. Pas un nuage, les oiseaux de mer volent en criant, la ville est radieuse.

La chanteuse et le valet, immobiles, lui sourient de grand cœur, s'accompagnant d'abord de petits gestes de la main. Avec emphase, Lorella Marga sort ensuite un petit mouchoir bleu qu'elle agite.

Ils sont bientôt trop loin, perdus parmi les silhouettes du quai.

Piotr Ilitch regarde la Dogana et Santa Maria della Salute qui s'approchent. Il fouille l'intérieur de sa veste, en tire le carnet du *Journal* qu'il s'apprête à jeter dans les remous blancs de l'hélice, le conserve. Il a toujours eu horreur de jeter du papier dans l'eau. Il préfère le feu. Cherche sa boîte à cigarettes : prend une Sobranie.

Arrivé à la gare, Piotr Ilitch met sous pli le carnet. Il extrait de sa mallette une petite boîte de cuir dans laquelle se trouve une icône gainée d'argent qui reproduit la Vierge de Vladimir, la Vierge de tendresse : Marie et l'enfant Jésus, ce dernier blotti contre la joue de la jeune femme. Les mouvements de la Mère et du Fils sont façonnés dans le métal : seuls leurs visages sont peints à même le bois.

Il tend les deux objets au marin du vaporetto :

— Pourriez-vous donner cette boîte de cuir à Luigi ? Qu'il la conserve en souvenir de moi. C'est un cadeau. Vous lui demanderez, par contre, de jeter cette enveloppe-ci avec le reste de mes papiers.

# 3. BAISSER DE RIDEAU

LE MARIN FIT LA COMMISSION.

Luigi ne jeta pas le carnet du *Journal*. Il le joignit aux esquisses et brouillons de Piotr Ilitch, comme l'exigeait la règle du docteur Barparoz. Il conserva, cependant, la boîte de cuir et la Vierge de tendresse. Cela lui valut son renvoi.

Se réservant les esquisses et brouillons, Boris Bartovitch interdisait que l'on subtilise aux invités objets de valeur ou affaires personnelles. Le marin du vaporetto donna la preuve que le compositeur avait bien remis à Luigi la boîte de cuir. Il ne s'agissait pas d'un larcin. L'intendant du palazzo, Maffi Beluséra – l'homme costumé en Garbuglio Tenhebr – accusa Luigi d'avoir reçu l'icône pour prix de sa prostitution : tout rapport sexuel avec les invités du docteur était sévèrement puni. La femme de chambre se porta garante. Il ne s'était rien passé entre le Russe et Luigi.

On chassa néanmoins le jeune homme en exigeant qu'il rende la Vierge de tendresse, sans quoi ses gages lui seraient confisqués. Luigi répondit qu'il ne se séparerait pour rien au monde de cette Vierge. On la lui céda. Il partit sans un sou, avec pour baluchon les quelques habits élimés qu'il possédait en arrivant.

Lorella Marga se produisit dans *Falstaff* à la Fenice. Elle ne se rendit pas au souper que Vissarion Paliash avait organisé en son honneur, pour l'emporter sur le baron Klugo. Elle ne rejoignit pas davantage Klugo qui voulait fuir avec elle, abandonnant Trajane.

Paliash fut arrêté au lendemain de la soirée *Falstaff* pour avoir fourni, à partir du port de Trieste, des armes destinées aux nationalistes irlandais. Klugo fut poursuivi, lors de son retour en Estonie, suspecté de contribuer à un trafic de faux et de copies d'anciens, cachés dans son atelier. Les deux opérations furent conduites, l'une par la police italienne à Venise sur les indications de Sir Percy Snitterley, en accord avec le conseiller-comte de Scharnast, l'autre par la police russe à Réval grâce aux indications fournies par Scharnast à ses correspondants de Pétersbourg. Sir Percy avait profité de la fête pour observer les lieux et les personnes. Scharnast et lui avaient placé des agents parmi les extras et les musiciens.

Notre oncle Scharnast se rendit bien à Venise pour assister à *Falstaff*, se gardant toutefois, selon la règle qu'il s'était fixée, de revoir Lorella Marga. Malgré l'invitation transmise par Trajane, il évita de loger au palazzo Merhi tant qu'elle s'y trouvait, préférant laisser la surveillance à son ami Snitterley. Il ne vint qu'après son départ et celui de ses deux compagnons. Il vit alors sans doute le portrait de Lorella Marga peint par Jods Klugo, exposé dans le salon aux Tapisseries.

En ouvrant les derniers cartons descendus des combles, nous avons en effet découvert le double du portrait-carte donné par la chanteuse à Tchaïkovski juste avant qu'il embarque sur le vaporetto. Notre cousin Scharnast et nous avons alors été frappés par la ressemblance de cette photographie, prise pendant la pose, avec une toile non signée venue de l'héritage du grand-oncle : *Vénitienne en costume de fête.*

Celle-ci représente une jeune femme brune aux yeux bleus debout dans l'ombre d'une tonnelle, les mains sur les hanches, à la manière d'une danseuse. Elle se détache d'un fond de buissons vert sombre mais fleuris, peints à grands traits de couleurs tendres – roses, bleus, jaunes souvent poussés au blanc. L'intense lumière de l'après-midi vient ainsi, par effraction, du fond de la tonnelle, emplissant la robe de soleil. Celui-ci noie dans sa blancheur les touches colorées de la broderie, elles aussi jaunes, bleues, roses. Toute cette lumière de l'ombre éclaire de dessous le menton, les joues et les fines lèvres de Lorella Marga dont le regard sérieux interroge le peintre, et le spectateur.

Le grand-oncle Scharnast n'a certainement pas fait saisir la toile à l'issue de son séjour. Il l'a sans doute acquise en 1913 lors de la vente des collections de Barparoz. On s'accordait à dire, dans la famille, qu'il s'agissait d'un beau tableau, mais personne ne s'interrogeait sur le modèle, ni sur l'attribution. Dans les années 1980, lors de nos découvertes au palazzo Merhi, ces œuvres passaient pour académiques et mineures, comme tous les portraits bourgeois d'avant 1914. L'heure était aux avant-gardes. De surcroît, je l'ai dit, on s'intéressait peu à l'école du Nord.

L'aquarelle des femmes sur la plage m'avait ému au début de mes recherches sur l'épisode vénitien : Trajane et Lorella Marga vêtues de blanc, retenant leur chapeau dans le vent marin. De même étais-je sensible au charme intact qu'exprimait le portrait de la chanteuse en Vénitienne et l'émerveillement – plus fort que le désir – dont témoignait le travail du peintre. Il semblait s'être avoué vaincu et n'avoir pu maîtriser son œuvre : elle échappait à son emprise. Car cette emprise, Lorella l'exerçait sur lui. Elle l'exerce encore sur le spectateur d'aujourd'hui.

Moins romanesque, mon frère Carlo pense que cela tient plutôt à la personnalité multiple de Klugo. Hanté par son obsession d'emprisonner Lorella Marga, de se la réserver, d'en posséder le secret, sa volonté de puissance fut vaincue, de l'intérieur, par sa virtuosité, forme supérieure de l'impuissance. « Les grands faussaires, dit Carlo, ont tout vu, peuvent tout faire ; ils en savent peut-être sur la peinture plus que les peintres mais ils manquent d'inexpérience comme ces adultes qui ont tué en eux l'enfant. Klugo se trouvait devant Lorella dans la situation d'un expert en fausses perles face à l'orient d'une perle sauvage. Radicalement désorienté. »

Trajane, de son côté, poursuivit sa carrière. Elle épousa pour finir un administrateur du Metropolitan Opera de New York, le colonel Gawain Chiggins Cornish, dit G2C, un cousin de sir Percy. Elle fit merveille dans les mille et une intrigues du théâtre lyrique. J'ai connu l'une de ses descendantes lors d'un séjour au Canada : elle dirigeait la Fondation Cornish d'Ottawa, institution de mécénat avec laquelle travaillait le Consortium. À l'époque, j'ignorais l'existence de la malle Barparoz et de Trajane. La petite-nièce de Trajane et moi ne parlâmes évidemment pas du palazzo Merhi.

Arnoult de Scharnast suivit le parcours que l'on sait. Lorella Marga et lui se revirent sans doute. Rien ne l'assure. Leur *fausse relation* fut, elle aussi, comparable aux aimants contraires dont le professeur de Tchaïkovski, Nikolaï Zaremba, faisait la théorie qu'il comparait aux amours impossibles de Paolo et Francesca dans l'*Enfer* de Dante – positif contre négatif, toujours s'attirant et se repoussant. Après la mort de l'oncle Scharnast en 1935, nous perdons la trace de la chanteuse, jusque-là étonnamment vive et troublante, comme épargnée par l'âge.

Chacun sait, en revanche, la fin de Tchaïkovski. Il s'éteignit dans la nuit du 5 au 6 novembre 1893. Ni le fatum – ses quatre cors, ses deux bassons – ni le « Z » ne lâchèrent prise jusqu'à sa fin. Il ne trouva dans aucun bras le repos, cette paix qu'il avait désirée plus que tout, un soir qu'il contemplait, enfant, avec sa mère et Mlle Fanny, la Vierge de Vladimir dans l'éclat d'une bougie, à l'angle du salon.

Quant à moi, je poursuis mes entreprises au service du Consortium. Mais l'insaisissable Furtive reste mon mobile – mon immobile mobile. *La Treizième revient... c'est encor la première.* Mais restons-en là. *C'est la mort ou la morte*, écrit aussi Nerval.

Piotr Ilitch, en proie au « Z », noircit par centaines de lignes ses papiers vénitiens afin de brûler toute cette énergie du désespoir qu'il haïssait en se haïssant. Ce Z, cette énergie noire, il pensait les avoir détruits en livrant aux chaudières du palazzo son livret d'opéra, ses lettres, notes et autres carnets comme Pallade livra le mannequin d'or aux bûchers – ignorant que d'autres viendraient fouiner chez lui comme il fouina au Jubelzeit. Moins courageux que le Russe, je suis à moi-même mon propre Barparoz : je ne détruis pas ces pages que je devrais détruire si j'avais, comme Piotr Ilitch, le courage de la dernière heure. Je place dans ma propre malle la malle vénitienne et ses misérables démons.

Depuis mon séjour à Venise, j'ai beaucoup travaillé. Je n'ai pas répondu, cette fois, à l'invitation de Charles. Revoir le palazzo m'oppresserait. Ce serait non pas une fausse relation mais, au moins une fausse position, que d'enfermer ce récit, sous le nez de mes frères, dans une malle Bauer aussi chargée que la malle Barparoz de marges, repentirs, variantes, silences et vrais-faux non-dits.

Quand Orlando, Charles et moi aurons disparu, leurs enfants pourront lire l'épisode inattendu dont le palais vénitien de Charles fut le cadre. S'ils jugent le texte digne d'intérêt, ils le rendront public. Je doute néanmoins que se trouvent en nombre suffisant, dans dix ou vingt ans, des lecteurs curieux d'un style et de préoccupations qui semblent déjà d'un autre âge alors même que j'écris et dont l'anachronisme se fera sans doute, au fil des ans, toujours plus étrange.

Nous avons grandi, mes cousins et moi, après la Deuxième Guerre dans un monde d'avant la Première. En cette troisième décennie du XXI^e^ siècle, nous nous en tenons toujours aux codes de notre interminable XIX^e^. Mes neveux et nièces – leurs enfants et petits-enfants – ne les ont ni conservés, ni reproduits. Ils n'en ont sans doute pas même conservé le sens. Si bien que ce texte trouvera mieux sa place dans les archives du groupe. Là, peut-être, quelque chercheur le consultera-t-il pour l'une ou l'autre étude. Il n'y trouvera guère de révélations, plutôt quelques pistes et surtout une « couleur locale ». Cette couleur fut celle de nos vies, tout étrange que cela paraisse.

Relisant, ce matin, je me surprends d'avoir une vie apparemment si pleine, en réalité si terne, où rien n'est advenu, où nulle grâce ne me touche, ni ne m'a touché. À moins que cela ne m'ait échappé, faute d'attention.

# LES LUMIÈRES SE RALLUMENT

DÉBUT JUILLET 1893, REVENU EN RUSSIE, Tchaïkovski travaille sur l'orchestration de sa Sixième symphonie, encore désignée par lui comme Symphonie à programme. Le 28 octobre, il dirige à Saint-Pétersbourg la première exécution de l'œuvre. Il avait tardivement décidé qu'elle se nommerait *Symphonie pathétique* mais souhaitait ne pas rendre public ce titre dès le concert.

Peu après, il inscrit en tête du premier mouvement une dédicace en français, dans la translittération de l'époque : « À Monsieur Wladimir Davydoff. » Puis, le 30 octobre, il écrit à son éditeur Piotr Ivanovitch Jurgenson pour la gravure et l'impression de l'œuvre :

« S'il te plaît, mon cher, inscrit ceci sur la page de couverture :
À Vladimir Lvovitch Davydov
Symphonie pathétique
(n° 6)
op. ???
œuvre de P. Tchaïkovski »

Quelques mois plus tôt, tandis qu'il composait l'œuvre – avant son voyage à Cambridge – il en décrivait l'élaboration au « si cher Bobik », mais concluait : « Est-ce que tout cela t'intéresse ? J'ai parfois l'impression qu'en fait tu t'intéresses peu à moi et que tu n'éprouves pour moi aucune sympathie véritable. »

Deux jours après la dédicace, dans la nuit du 1er au 2 novembre, revenant d'un dîner au restaurant Leiner, Tchaïkovski présente des signes inquiétants. Son médecin déclare qu'il s'agit d'un « cas fort sérieux de choléra ». Les souffrances et l'effrayante agonie dureront jusqu'au 6 novembre à trois heures du matin. On le plonge vainement dans un bain, comme jadis on l'avait fait pour sa mère. Tandis qu'il délire, avant de sombrer dans l'inconscience puis rendre l'âme, il injurie Mme von Meck absente.

Des proches du compositeur laissent entendre que Tchaïkovski, par bravade, aurait bu au Leiner – alors que le choléra sévissait – un verre d'eau de la Neva, non bouillie, au lieu d'une eau gazeuse. Une rumeur persistante courait toutefois selon laquelle Tchaïkovski se serait volontairement empoisonné afin d'éviter un scandale de mœurs : on l'aurait menacé d'une dénonciation publique et d'une éventuelle condamnation pour ses relations avec un très jeune homme de l'aristocratie ou de la grande bourgeoisie.

Après des années de débat, la thèse du suicide paraît très probable. On discute toutefois des causes. Tchaïkovski a-t-il contracté délibérément le choléra en buvant de l'eau contaminée ou pris un poison dont les effets ressemblent à ceux du choléra ? À moins qu'il ne s'agisse d'une forme de *roulette russe*.

Tchaïkovski était surmené, anxieux, rongé de remords. On pouvait facilement l'abattre. Nul ne sait quel chef de clan – sûrement une très grande famille – voulut l'intimider ou le terrifier au point de le pousser à la mort. Le nom du jeune homme compromis reste inconnu.

Bien plus tard, dans les années 1930-1950, les derniers survivants de cette époque évoquèrent ses relations avec le neveu d'un certain comte Stenbock-Fermor, que le présent récit présente comme le cousin du colonel Mantelvalg-Fermor et l'oncle du bel aspirant de la Garde. Le comte Stenbock-Fermor, disait-on, aurait menacé de porter plainte et fourni au compositeur une « pilule » voire un « cocktail » toxique pour qu'il mette fin à ses jours, évitant ainsi le déshonneur. Stenbock-Fermor était ce collectionneur d'eaux des fleuves et de lagunes auquel Tchaïkovski avait transmis les fioles empoisonnées.

D'origine balte et suédoise, plus lointainement écossaise, les Stenbock-Fermor n'appartenaient pas à l'élite pétersbourgeoise. Le comte, si tant est qu'il soit intervenu, ne pouvait intimider Tchaïkovski, bien en cour auprès du tsar et des grands-ducs. On s'accorde à penser que le nom de Stenbock-Fermor a été jeté pour faire diversion, évitant ainsi d'impliquer une famille plus considérable, sans pour autant savoir laquelle.

Nadejda von Meck, malade, se trouvait en cure à Nice lorsqu'elle apprit la mort de celui qu'elle avait passionnément entretenu et protégé quatorze années durant. La nouvelle précipita sa fin, le 13 janvier 1894. Quant à Bob Davydov, héritier des droits d'auteur de son oncle, il ressemblait peu à l'enfant merveilleux dont rêvait Piotr Ilitch. Velléitaire, instable, bientôt dépressif et morphinomane, comme sa mère Alexandra, il se suicida en 1910 à 35 ans.

Le tsar Alexandre III appréciait la musique de Tchaïkovski. Le père de Nicolas II était un colosse barbu, d'une force herculéenne, réactionnaire absolu et buveur énorme. Un ours. À la nouvelle du suicide du musicien, il déclara : « Les culs de tous les jeunes garçons ne valent pas un Tchaïkovski. »

# SOURCES

Tchaïkovski n'est jamais venu à Venise en 1893. Le palazzo Merhi n'existe pas. Précisons qu'une partie du conte du *Sieur mort* – devenu *Le mannequin d'or* – reprend et modifie une version donnée dans le tome I des *Contes populaires italiens* d'Italo Calvino (traduit de l'italien par Nino Frank, Denoël,1980). Il s'agit bien d'un conte de Venise.

J'ai principalement utilisé deux ouvrages essentiels sur le compositeur :

*Piotr Ilitch Tchaïkovski,* de André Lischke. Fayard, Paris, 1993.

*Tchaïkovski au miroir de ses écrits,* Textes choisis, traduits et présentés par André Lischke. Fayard, Paris, 1996.

Plusieurs propos tenus ou écrits par le musicien sont reproduits dans le présent roman d'après la traduction qu'en donne André Lischke. Le plus souvent, le narrateur – Arnaud Bauer – les déforme ou décale selon ses besoins. André Lischke n'en est en rien responsable.

Autres sources, à qui sont empruntées des citations ou quelques éléments de scènes :

Nina Berberova : *Tchaïkovski,* Actes Sud, Arles, 1987.

Klaus Mann : *Symphonie pathétique. Le roman de Tchaïkovski* (1935). La version française, traduite de l'allemand par Frédérique Daber et Gabrielle Merchez, a paru pour la première fois chez Jean-Cyrille Godefroy en 1984. On la trouve toujours aux éditions Grasset.

Il existe, en anglais, sur Tchaïkovski, un site très utile : https://www.tchaikovsky-research.net

L'extrait de Winckelmann est adapté de la traduction d'Edouard Pommier (*Winckelmann, inventeur de l'histoire de l'art*, Gallimard, Paris, 2003).

Le récit s'appuie, pour quelques divagations musicales, sur le *Dictionnaire de la musique* de Roland de Candé (Seuil, Paris, 1961), ouvrage clair et rigoureux. Les propos approximatifs prêtés à Nicolaï Ivanovitch Zaremba (1821-1879), professeur de Tchaïkovski, n'engagent toutefois, là aussi, que le narrateur.

Aux emprunts signalés j'ajoute une phrase de quatre lignes, directement prise dans la traduction des *Souvenirs intimes de David Copperfield* par Pierre Leyris (Gallimard, Paris, 1954). Comme elle est prêtée à Piotr Ilitch, il peut s'agir d'une réminiscence du compositeur. Il lisait beaucoup, notamment les romans de Dickens.

J.-M.M.

TABLE DES MATIÈRES

1. Lever de rideau ........ 9

*En 1893, quelques mois avant sa mort* ........ 11

2. La fausse relation ........ 47

*J'aime plaire aux vieux* ........ 49

*Après avoir déjeuné dans sa chambre* ........ 75

*Le mannequin d'or* ........ 119

*Si l'on en croit le rapport de Luigi* ........ 149

*On danse déjà depuis un moment* ........ 177

3. Baisser de rideau ........ 219

*LE MARIN FIT LA COMMISSION* ........ 221

*Les lumières se rallument* ........ 229

SOURCES ........ 233

Achevé d'imprimer en mai 2024 par Corlet Imprimeur — 14110 Condé-en-Normandie
Dépôt légal : mai 2024 — N° d'imprimeur : 24040505 — *Imprimé en France*